TRANZLATY

El idioma es para todos

语言属于每个人

El Manifiesto Comunista

《共产党宣言》

Karl Marx

&

Friedrich Engels

Español / 普通话

Published by Tranzlaty

ISBN: 978-1-80572-422-3

Original text by Karl Marx and Friedrich Engels

The Communist Manifesto

First published in 1848

www.tranzlaty.com

Introducción
介绍

Un fantasma acecha a Europa: el fantasma del comunismo

一个幽灵正在困扰着欧洲——共产主义的幽灵

Todas las potencias de la vieja Europa han entrado en una santa alianza para exorcizar este fantasma

旧欧洲的所有大国都结成了神圣的联盟，以驱除这个幽灵

El Papa y el Zar, Metternich y Guizot, los radicales franceses y los espías de la policía alemana

教皇和沙皇，梅特涅和吉佐，法国激进分子和德国警察间谍

¿Dónde está el partido en la oposición que no ha sido tachado de comunista por sus adversarios en el poder?

没有被执政对手谴责为共产主义的反对党在哪里？

¿Dónde está la Oposición que no haya devuelto el reproche de marca al comunismo contra los partidos de oposición más avanzados?

没有反击共产主义的烙印指责，反对更先进的反对党的反对派在哪里？

¿Y dónde está el partido que no ha hecho la acusación contra sus adversarios reaccionarios?

没有对其反动对手提出指控的政党在哪里？

Dos cosas resultan de este hecho

这一事实导致了两件事

I. El comunismo es ya reconocido por todas las potencias europeas como una potencia en sí misma

一、所有欧洲列强都承认共产主义本身就是一个大国

II. Ya es hora de que los comunistas publiquen abiertamente, a la vista de todo el mundo, sus puntos de vista, sus objetivos y sus tendencias

二、现在是共产党人当着全世界的面公开发表自己的观点、宗旨和倾向的时候了

deben hacer frente a este cuento infantil del Espectro del Comunismo con un Manifiesto del propio partido

他们必须用党本身的宣言来迎接这个共产主义幽灵的童话故事

Con este fin, comunistas de diversas nacionalidades se han reunido en Londres y han esbozado el siguiente Manifiesto

为此，各民族的共产党人聚集在伦敦，草拟了以下宣言

El presente manifiesto se publicará en inglés, francés, alemán, italiano, flamenco y danés

该宣言将以英文、法文、德文、意大利文、佛兰芒文和丹麦文出版

Y ahora se publicará en todos los idiomas que ofrece Tranzlaty

现在，它将以 Tranzlaty 提供的所有语言出版

La burguesía y los proletarios
资产阶级和无产者

La historia de todas las sociedades existentes hasta ahora es la historia de las luchas de clases
迄今为止所有现存社会的历史都是阶级斗争的历史

Hombre libre y esclavo, patricio y plebeyo, señor y siervo, maestro de gremio y oficial
自由人与奴隶，贵族与平民，领主与农奴，行会主与工匠

en una palabra, opresor y oprimido
一句话，压迫者和被压迫者

Estas clases sociales estaban en constante oposición entre sí
这些社会阶层不断相互对立

Llevaron a cabo una lucha ininterrumpida. Ahora oculto, ahora abierto
他们进行了不间断的战斗。现在隐藏，现在打开

una lucha que terminó en una reconstitución revolucionaria de la sociedad en general
这场斗争要么以整个社会的革命性重建而告终

o una lucha que terminó en la ruina común de las clases contendientes
或者是一场以相互竞争的阶级共同毁灭而告终的斗争

Echemos la vista atrás a las épocas anteriores de la historia
让我们回顾一下历史的早期时代

Encontramos casi en todas partes una complicada organización de la sociedad en varios órdenes
我们几乎到处都发现社会的复杂安排，分为各种秩序

Siempre ha habido una múltiple gradación de rango social
社会等级一直存在多种等级

En la antigua Roma tenemos patricios, caballeros, plebeyos, esclavos
在古罗马，我们有贵族、骑士、平民、奴隶

en la Edad Media: señores feudales, vasallos, maestros de gremios, oficiales, aprendices, siervos

中世纪：封建领主、附庸、行会大师、工匠、学徒、农奴

En casi todas estas clases, de nuevo, las gradaciones subordinadas

在几乎所有这些类别中，同样是从属等级

La sociedad burguesa moderna ha brotado de las ruinas de la sociedad feudal

现代资产阶级社会是从封建社会的废墟中萌芽出来的

Pero este nuevo orden social no ha eliminado los antagonismos de clase

但这种新的社会秩序并没有消除阶级对立

No ha hecho más que establecer nuevas clases y nuevas condiciones de opresión

它只是建立了新的阶级和新的压迫条件

Ha establecido nuevas formas de lucha en lugar de las antiguas

它建立了新的斗争形式来取代旧的斗争形式

Sin embargo, la época en la que nos encontramos posee un rasgo distintivo

然而，我们所处的时代具有一个鲜明的特征

la época de la burguesía ha simplificado los antagonismos de clase

资产阶级时代简化了阶级对立

La sociedad en su conjunto se divide cada vez más en dos grandes campos hostiles

整个社会越来越分裂成两大敌对阵营

dos grandes clases sociales enfrentadas directamente: la burguesía y el proletariado

两个直接对立的大社会阶级：资产阶级和无产阶级

De los siervos de la Edad Media surgieron los burgueses de las primeras ciudades

从中世纪的农奴中涌现出最早城镇的特许市民

A partir de estos burgueses se desarrollaron los primeros elementos de la burguesía

从这些市民那里发展了资产阶级的第一批元素

El descubrimiento de América y el doblamiento del Cabo

美洲的发现和开普敦的四舍五入

estos acontecimientos abrieron un nuevo terreno para la burguesía en ascenso

这些事件为崛起的资产阶级开辟了新天地

Los mercados de las Indias Orientales y China, la colonización de América, el comercio con las colonias

东印度和中国市场，美洲的殖民化，与殖民地的贸易

el aumento de los medios de cambio y de las mercancías en general

交换资料和一般商品的增加

Estos acontecimientos dieron al comercio, a la navegación y a la industria un impulso nunca antes conocido

这些事件给商业、航海和工业带来了前所未有的推动力

Dio un rápido desarrollo al elemento revolucionario en la tambaleante sociedad feudal

它使摇摇欲坠的封建社会的革命因素迅速发展

Los gremios cerrados habían monopolizado el sistema feudal de producción industrial

封闭的行会垄断了封建的工业生产体系

Pero esto ya no bastaba para satisfacer las crecientes necesidades de los nuevos mercados

但这已经不足以满足新市场日益增长的需求

El sistema manufacturero sustituyó al sistema feudal de la industria

制造体系取代了封建工业体系

Los maestros de gremio fueron empujados a un lado por la clase media manufacturera

行会会长被制造业中产阶级推到一边

La división del trabajo entre los diferentes gremios corporativos desapareció

不同公司行会之间的分工消失了

La división del trabajo penetraba en cada uno de los talleres

劳动分工渗透到每个车间

Mientras tanto, los mercados seguían creciendo y la demanda seguía aumentando

与此同时，市场不断增长，需求不断上升

Ni siquiera las fábricas bastaban para satisfacer las demandas

即使是工厂也不再足以满足需求

A partir de entonces, el vapor y la maquinaria revolucionaron la producción industrial

因此，蒸汽和机械彻底改变了工业生产

El lugar de la manufactura fue ocupado por el gigante, la Industria Moderna

制造地点被巨大的现代工业所取代

El lugar de la clase media industrial fue ocupado por millonarios industriales

工业中产阶级的位置被工业百万富翁取代

el lugar de los jefes de ejércitos industriales enteros fue ocupado por la burguesía moderna

整个工业军队的领导人的位置被现代资产阶级所取代

el descubrimiento de América allanó el camino para que la industria moderna estableciera el mercado mundial

美洲的发现为现代工业建立世界市场铺平了道路

Este mercado dio un inmenso desarrollo al comercio, la navegación y la comunicación por tierra

这个市场为陆路商业、航海和通信带来了巨大的发展

Este desarrollo ha repercutido, en su momento, en la extensión de la industria

在当时，这种发展对工业的扩展做出了反应

Reaccionó en proporción a cómo se extendía la industria, y cómo se extendían el comercio, la navegación y los ferrocarriles

它的反应与工业如何扩展以及商业、航海和铁路如何扩展成正比

en la misma proporción en que la burguesía se desarrolló, aumentó su capital

按照资产阶级发展的比例，他们增加了资本

y la burguesía relegó a un segundo plano a todas las clases heredadas de la Edad Media

资产阶级将中世纪流传下来的每一个阶级都推到了幕后

por lo tanto, la burguesía moderna es en sí misma el producto de un largo curso de desarrollo

因此，现代资产阶级本身就是长期发展过程的产物

Vemos que es una serie de revoluciones en los modos de producción y de intercambio

我们看到，这是生产方式和交换方式的一系列革命

Cada paso de la burguesía desarrollista iba acompañado de un avance político correspondiente

资产阶级的每一步发展都伴随着相应的政治进步

Una clase oprimida bajo el dominio de la nobleza feudal

封建贵族统治下的被压迫阶级

una asociación armada y autónoma en la comuna medieval

中世纪公社的武装自治协会

aquí, una república urbana independiente (como en Italia y Alemania)

在这里，一个独立的城市共和国（如意大利和德国）

allí, un "tercer estado" imponible de la monarquía (como en Francia)

在那里，君主制的应税"第三等级"（如法国）

posteriormente, en el período de fabricación propiamente dicho

之后，在适当的制造期间

la burguesía servía a la monarquía semifeudal o a la monarquía absoluta

资产阶级要么服务于半封建君主制，要么服务于绝对君主制

o la burguesía actuaba como contrapeso contra la nobleza
或者资产阶级充当了对贵族的反击

y, de hecho, la burguesía era una piedra angular de las grandes monarquías en general
事实上，资产阶级是大君主制的基石

pero la industria moderna y el mercado mundial se establecieron desde entonces
但从那时起，现代工业和世界市场就确立了自己的地位

y la burguesía ha conquistado para sí el dominio político exclusivo
资产阶级已经为自己赢得了排他性的政治影响力

logró esta influencia política a través del Estado representativo moderno
它通过现代代议制国家实现了这种政治影响力

Los ejecutivos del Estado moderno no son más que un comité de gestión
现代国家的行政人员只不过是一个管理委员会

y manejan los asuntos comunes de toda la burguesía
他们管理整个资产阶级的共同事务

La burguesía, históricamente, ha desempeñado un papel muy revolucionario
从历史上看，资产阶级发挥了最具革命性的作用

Dondequiera que se impuso, puso fin a todas las relaciones feudales, patriarcales e idílicas
无论它在哪里占上风，它都结束了所有封建、父权制和田园诗般的关系

Ha roto sin piedad los abigarrados lazos feudales que unían al hombre con sus "superiores naturales"
它无情地撕毁了将人束缚在"天生的上级"身上的杂乱无章的封建关系

y no ha dejado ningún nexo entre el hombre y el hombre, más allá del puro interés propio

除了赤裸裸的利己主义之外，人与人之间没有任何联系

Las relaciones del hombre entre sí se han convertido en nada más que un cruel "pago en efectivo"

人与人之间的关系只不过是冷酷无情的"现金支付"

Ha ahogado los éxtasis más celestiales del fervor religioso

它淹没了宗教狂热的最天堂般的狂喜

ha ahogado el entusiasmo caballeresco y el sentimentalismo filisteo

它淹没了骑士的热情和庸俗的感伤主义

ha ahogado estas cosas en el agua helada del cálculo egoísta

它把这些东西淹没在自负的计算的冰水中

Ha resuelto el valor personal en valor de cambio

它把个人价值化为可交换的价值

Ha sustituido a las innumerables e imprescriptibles libertades estatutarias

它取代了无数和不可剥夺的宪章自由

y ha establecido una libertad única e inconcebible; Libre cambio

它建立了一个单一的、不合情理的自由;自由贸易

En una palabra, lo ha hecho para la explotación

一言以蔽之，它这样做是为了剥削

explotación velada por ilusiones religiosas y políticas

被宗教和政治幻想所掩盖的剥削

explotación velada por una explotación desnuda, desvergonzada, directa, brutal

赤裸裸的、无耻的、直接的、残酷的剥削所掩盖的剥削

la burguesía ha despojado de la aureola a todas las ocupaciones anteriormente honradas y veneradas

资产阶级已经剥夺了以前所有受人尊敬和尊敬的职业的光环

el médico, el abogado, el sacerdote, el poeta y el hombre de ciencia

医生、律师、牧师、诗人和科学家

Ha convertido a estos distinguidos trabajadores en sus trabajadores asalariados

它把这些杰出的工人变成了有偿的雇佣劳动者

La burguesía ha rasgado el velo sentimental de la familia

资产阶级已经撕下了家庭的感伤面纱

y ha reducido la relación familiar a una mera relación monetaria

它把家庭关系简化为单纯的金钱关系

el brutal despliegue de vigor en la Edad Media que tanto admiran los reaccionarios

反动派非常钦佩的中世纪残酷的活力表现

Aun esto encontró su complemento adecuado en la más perezosa indolencia

即使这样，在最懒惰的懒惰中也找到了合适的补充

La burguesía ha revelado cómo sucedió todo esto

资产阶级已经揭露了这一切是如何发生的

La burguesía ha sido la primera en mostrar lo que la actividad del hombre puede producir

资产阶级是第一个表明人的活动可以带来什么的人

Ha logrado maravillas que superan con creces las pirámides egipcias, los acueductos romanos y las catedrales góticas

它所创造的奇迹远远超过了埃及金字塔、罗马渡槽和哥特式大教堂

y ha llevado a cabo expediciones que han hecho sombra a todos los antiguos Éxodos de naciones y cruzadas

它进行了远征，使所有以前的国家流亡和十字军东征都蒙上了阴影

La burguesía no puede existir sin revolucionar constantemente los instrumentos de producción

如果不不断革新生产工具，资产阶级就不可能存在

y, por lo tanto, no puede existir sin sus relaciones con la producción

因此，没有它与生产的关系，它就不能存在

y, por lo tanto, no puede existir sin sus relaciones con la sociedad

因此，没有它与社会的关系，它就不可能存在

Todas las clases industriales anteriores tenían una condición en común

所有早期的工业阶级都有一个共同点

Confiaban en la conservación de los antiguos modos de producción

他们依靠对旧生产方式的保护

pero la burguesía trajo consigo una dinámica completamente nueva

但资产阶级带来了一种全新的动力

Revolucionar constantemente la producción y perturbar ininterrumpidamente todas las condiciones sociales

生产的不断革命和一切社会条件的不间断的干扰

esta eterna incertidumbre y agitación distingue a la época burguesa de todas las anteriores

这种永恒的不确定性和躁动性使资产阶级时代有别于所有早期的时代

Las relaciones previas con la producción vinieron acompañadas de antiguos y venerables prejuicios y opiniones

以前与生产的关系伴随着古老而古老的偏见和观点

Pero todas estas relaciones fijas y congeladas son barridas

但所有这些固定的、快速冻结的关系都被一扫而空

Todas las relaciones recién formadas se vuelven anticuadas antes de que puedan osificarse

所有新形成的关系在僵化之前就已经过时了

Todo lo que es sólido se derrite en el aire, y todo lo que es santo es profanado

所有固体都融化成空气，所有神圣的东西都被亵渎了

El hombre se ve finalmente obligado a afrontar con sus sentidos sobrios sus verdaderas condiciones de vida

人终于不得不以清醒的感官面对他的真实生活状况

y se ve obligado a afrontar sus relaciones con los de su especie

他被迫面对他与同类的关系

La burguesía necesita constantemente ampliar sus mercados para sus productos

资产阶级不断需要扩大其产品的市场

y, debido a esto, la burguesía es perseguida por toda la superficie del globo

正因为如此，资产阶级在整个地球表面都被追逐

La burguesía debe anidar en todas partes, establecerse en todas partes, establecer conexiones en todas partes

资产阶级必须到处依偎，到处定居，到处建立联系

La burguesía debe crear mercados en todos los rincones del mundo para explotar

资产阶级必须在世界每个角落创造市场来剥削

La producción y el consumo en todos los países han adquirido un carácter cosmopolita

每个国家的生产和消费都被赋予了世界性的特征

el disgusto de los reaccionarios es palpable, pero ha continuado a pesar de todo

反动派的懊恼是显而易见的，但无论如何它仍在继续

La burguesía ha sacado de debajo de los pies de la industria el terreno nacional en el que se encontraba

资产阶级从工业的脚下汲取了它赖以生存的民族土地

Todas las industrias nacionales de vieja data han sido destruidas, o están siendo destruidas diariamente

所有老牌的民族工业都已被摧毁，或每天都在被摧毁

Todas las viejas industrias nacionales son desplazadas por las nuevas industrias

所有老牌的民族工业都被新工业所取代

Su introducción se convierte en una cuestión de vida o muerte para todas las naciones civilizadas

它们的引入成为所有文明国家的生死攸关的问题
son desalojados por industrias que ya no trabajan con
materia prima autóctona
他们被不再使用本土原材料的工业所取代
En cambio, estas industrias extraen materias primas de las
zonas más remotas
相反，这些行业从最偏远的地区提取原材料
industrias cuyos productos se consumen, no solo en el país,
sino en todos los rincones del mundo
其产品不仅在国内，而且在全球每个季度都被消费的
行业
En lugar de las viejas necesidades, satisfechas por las
producciones del país, encontramos nuevas necesidades
代替旧的需求，通过国家的产品来满足，我们找到了
新的需求
Estas nuevas necesidades requieren para su satisfacción los
productos de tierras y climas lejanos
这些新的需求需要来自遥远的土地和气候的产品来满
足它们
En lugar de la antigua reclusión y autosuficiencia local y
nacional, tenemos el comercio
取而代之的是旧的地方和国家隔离和自给自足，我们
有贸易
intercambio internacional en todas las direcciones;
Interdependencia universal de las naciones
四面八方的国际交流;各国普遍相互依存
Y así como dependemos de los materiales, también
dependemos de la producción intelectual
正如我们依赖材料一样，我们也依赖于智力生产
Las creaciones intelectuales de las naciones individuales se
convierten en propiedad común
各个民族的智力创造成为共同财产
La unilateralidad nacional y la estrechez de miras se vuelven
cada vez más imposibles

民族的片面性和狭隘性越来越不可能

y de las numerosas literaturas nacionales y locales, surge una literatura mundial

从众多的国家和地方文学中，产生了世界文学

por el rápido perfeccionamiento de todos los instrumentos de producción

通过所有生产工具的快速改进

por los medios de comunicación inmensamente facilitados

通过极其便利的沟通方式

La burguesía atrae a todos (incluso a las naciones más bárbaras) a la civilización

资产阶级把所有国家（甚至是最野蛮的民族）都吸引到文明中来

Los precios baratos de sus mercancías; la artillería pesada que derriba todas las murallas chinas

其商品的廉价价格;重炮摧毁了所有中国城墙

El odio intensamente obstinado de los bárbaros hacia los extranjeros se ve obligado a capitular

野蛮人对外国人的强烈顽固仇恨被迫投降

Obliga a todas las naciones, bajo pena de extinción, a adoptar el modo de producción burgués

它迫使所有民族在濒临灭绝的痛苦中采用资产阶级的生产方式

los obliga a introducir lo que llama civilización en su seno

它迫使他们把所谓的文明引入他们中间

La burguesía obliga a los bárbaros a convertirse ellos mismos en burgueses

资产阶级强迫野蛮人自己成为资产阶级

en una palabra, la burguesía crea un mundo a su imagen y semejanza

一句话，资产阶级按照自己的形象创造了一个世界

La burguesía ha sometido el campo al dominio de las ciudades

资产阶级把农村置于城镇的统治之下

Ha creado enormes ciudades y ha aumentado considerablemente la población urbana

它创造了巨大的城市，大大增加了城市人口

Rescató a una parte considerable de la población de la idiotez de la vida rural

它把相当一部分人口从农村生活的愚蠢中解救出来

pero ha hecho que los del campo dependan de las ciudades

但它使农村的人依赖城镇

y asimismo, ha hecho que los países bárbaros dependan de los civilizados

同样，它使野蛮国家依赖文明国家

naciones de campesinos sobre naciones de la burguesía, el Este sobre el Oeste

农民国家对资产阶级国家，东方对西方国家

La burguesía suprime cada vez más el estado disperso de la población

资产阶级越来越消除人口的分散状态

Ha aglomerado la producción y ha concentrado la propiedad en pocas manos

它集中了生产，并将财产集中在少数人手中

La consecuencia necesaria de esto fue la centralización política

其必然后果是政治集权

Había habido naciones independientes y provincias poco conectadas

曾经有过独立的国家和松散联系的省份

Tenían intereses, leyes, gobiernos y sistemas tributarios separados

他们有各自的利益、法律、政府和税收制度

pero se han agrupado en una sola nación, con un solo gobierno

但是他们已经混为一谈，组成一个国家，一个政府

Ahora tienen un interés nacional de clase, una frontera y un arancel aduanero

他们现在有一个国家阶级利益，一个边界和一个关税

Y este interés nacional de clase está unificado bajo un solo
código de leyes
这种民族阶级利益统一在一个法典之下
la burguesía ha logrado mucho durante su gobierno de
apenas cien años
资产阶级在其短短的一百年统治中取得了很大的成就
fuerzas productivas más masivas y colosales que todas las
generaciones precedentes juntas
比前几代人加起来还要庞大和巨大的生产力
Las fuerzas de la naturaleza están subyugadas a la voluntad
del hombre y su maquinaria
自然的力量屈服于人的意志及其机器
La química se aplica a todas las formas de industria y tipos
de agricultura
化学应用于所有形式的工业和农业类型
la navegación a vapor, los ferrocarriles, los telégrafos
eléctricos y la imprenta
蒸汽航海、铁路、电报和印刷机
desbroce de continentes enteros para el cultivo, canalización
de ríos
清理整个大陆进行耕种，河流渠化
Poblaciones enteras han sido sacadas de la tierra y puestas a
trabajar
整个人口都被从地下召唤出来并投入工作
¿Qué siglo anterior tuvo siquiera un presentimiento de lo
que podría desencadenarse?
哪个上个世纪甚至预感到可以释放什么？
¿Quién predijo que tales fuerzas productivas dormitaban en
el regazo del trabajo social?
谁能预料到这样的生产力会沉睡在社会劳动的怀抱中
？
Vemos, pues, que los medios de producción y de
intercambio se generaban en la sociedad feudal

我们看到，生产资料和交换资料是在封建社会中产生
的

los medios de producción sobre cuyos cimientos se construyó la burguesía

资产阶级赖以建立自己的生产资料

En una determinada etapa del desarrollo de estos medios de producción y de intercambio

在这些生产资料和交换资料发展的某个阶段

las condiciones bajo las cuales la sociedad feudal producía e intercambiaba

封建社会生产和交换的条件

La organización feudal de la agricultura y la industria manufacturera

农业和制造业的封建组织

Las relaciones feudales de propiedad ya no eran compatibles con las condiciones materiales

封建财产关系不再与物质条件相容

Tuvieron que ser reventados en pedazos, por lo que fueron reventados en pedazos

他们必须被爆裂，所以他们被爆裂了

En su lugar entró la libre competencia de las fuerzas productivas

取而代之的是生产力的自由竞争

y fueron acompañadas de una constitución social y política adaptada a ella

他们伴随着与之相适应的社会和政治宪法

y fue acompañado por el dominio económico y político de la burguesía

它伴随着资产阶级的经济和政治影响力

Un movimiento similar está ocurriendo ante nuestros propios ojos

类似的运动正在我们眼前发生

La sociedad burguesa moderna con sus relaciones de producción, de intercambio y de propiedad

现代资产阶级社会及其生产关系、交换关系和财产关系

una sociedad que ha conjurado medios de producción y de intercambio tan gigantescos

一个创造了如此巨大的生产资料和交换资料的社会

Es como el hechicero que invocó los poderes del mundo inferior

这就像召唤下界力量的巫师

Pero ya no es capaz de controlar lo que ha traído al mundo

但他再也无法控制他带给世界的东西

Durante muchas décadas, la historia pasada estuvo unida por un hilo conductor

在过去的十年里，历史被一条共同的线索联系在一起

La historia de la industria y del comercio no ha sido más que la historia de las revueltas

工商业的历史不过是起义的历史

las revueltas de las fuerzas productivas modernas contra las condiciones modernas de producción

现代生产力对现代生产条件的反抗

Las revueltas de las fuerzas productivas modernas contra las relaciones de propiedad

现代生产力对财产关系的反抗

estas relaciones de propiedad son las condiciones para la existencia de la burguesía

这些财产关系是资产阶级存在的条件

y la existencia de la burguesía determina las reglas de las relaciones de propiedad

资产阶级的存在决定了财产关系的规则

Baste mencionar el retorno periódico de las crisis comerciales

提到商业危机的周期性回归就足够了

cada crisis comercial es más amenazante para la sociedad burguesa que la anterior

每一次商业危机对资产阶级社会的威胁都比上一次更大

En estas crisis se destruye gran parte de los productos existentes

在这些危机中，现有产品的很大一部分被摧毁

Pero estas crisis también destruyen las fuerzas productivas previamente creadas

但这些危机也摧毁了先前创造的生产力

En todas las épocas anteriores, estas epidemias habrían parecido un absurdo

在所有更早的时代，这些流行病似乎是荒谬的

porque estas epidemias son las crisis comerciales de la sobreproducción

因为这些流行病是生产过剩的商业危机

De repente, la sociedad se encuentra de nuevo en un estado de barbarie momentánea

社会突然发现自己又回到了短暂的野蛮状态

como si una guerra universal de devastación hubiera cortado todos los medios de subsistencia

仿佛一场普遍的毁灭性战争切断了一切生存手段

la industria y el comercio parecen haber sido destruidos; ¿Y por qué?

工商业似乎被摧毁了;为什么？

Porque hay demasiada civilización y medios de subsistencia

因为有太多的文明和生存手段

y porque hay demasiada industria y demasiado comercio

因为有太多的工业和太多的商业

Las fuerzas productivas a disposición de la sociedad ya no desarrollan la propiedad burguesa

社会所支配的生产力不再发展资产阶级财产

por el contrario, se han vuelto demasiado poderosos para estas condiciones, por las cuales están encadenados

相反，对于这些条件来说，他们已经变得太强大了，他们被束缚了

tan pronto como superan estas cadenas, traen el desorden a toda la sociedad burguesa

一旦他们克服了这些束缚，他们就会给整个资产阶级社会带来混乱

y las fuerzas productivas ponen en peligro la existencia de la propiedad burguesa

生产力危及资产阶级财产的生存

Las condiciones de la sociedad burguesa son demasiado estrechas para abarcar la riqueza creada por ellas

资产阶级社会的条件太狭隘，无法包括他们创造的财富

¿Y cómo supera la burguesía estas crisis?

资产阶级如何克服这些危机？

Por un lado, supera estas crisis mediante la destrucción forzada de una masa de fuerzas productivas

一方面，它通过强行摧毁大量生产力来克服这些危机

por otro lado, supera estas crisis mediante la conquista de nuevos mercados

另一方面，它通过征服新市场来克服这些危机

y supera estas crisis mediante la explotación más completa de las viejas fuerzas productivas

它通过更彻底地剥削旧的生产力量来克服这些危机

Es decir, allanando el camino para crisis más extensas y destructivas

也就是说，为更广泛和更具破坏性的危机铺平道路

supera la crisis disminuyendo los medios para prevenir las crisis

它通过减少预防危机的手段来克服危机

Las armas con las que la burguesía derribó el feudalismo se vuelven ahora contra sí misma

资产阶级用来把封建主义打倒在地的武器现在正对着自己

Pero la burguesía no sólo ha forjado las armas que le dan la muerte

但是，资产阶级不仅锻造了给自己带来死亡的武器

También ha llamado a la existencia a los hombres que han de empuñar esas armas

它还召唤了将要使用这些武器的人

Y estos hombres son la clase obrera moderna; Son los proletarios

这些人是现代工人阶级;他们是无产者

En la misma proporción en que se desarrolla la burguesía, en la misma proporción se desarrolla el proletariado

资产阶级的发展与资产阶级的发展成比例相同

La clase obrera moderna desarrolló una clase de trabajadores

现代工人阶级发展出一个劳动者阶级

Esta clase de obreros vive sólo mientras encuentran trabajo

这一类劳动者只要找到工作，就只能活下去

y sólo encuentran trabajo mientras su trabajo aumenta el capital

他们只有在劳动增加资本的情况下才能找到工作

Estos obreros, que deben venderse a destajo, son una mercancía

这些必须零敲碎打地出卖自己的劳动者是一种商品

Estos obreros son como cualquier otro artículo de comercio

这些劳动者就像其他所有商业物品一样

y, en consecuencia, están expuestos a todas las vicisitudes de la competencia

因此，他们暴露在竞争的所有沧桑之中

Tienen que capear todas las fluctuaciones del mercado

他们必须经受住市场的所有波动

Debido al uso extensivo de maquinaria y a la división del trabajo

由于机器的广泛使用和劳动分工

El trabajo de los proletarios ha perdido todo carácter individual

无产者的工作已经丧失了一切个人特征

y, en consecuencia, el trabajo de los proletarios ha perdido todo encanto para el obrero

因此，无产者的工作对工人失去了一切魅力

Se convierte en un apéndice de la máquina, en lugar del hombre que una vez fue

他变成了机器的附属物，而不是他曾经的人

Sólo se requiere de él la habilidad más simple, monótona y más fácil de adquirir

他只需要最简单、最单调、最容易获得的诀窍

Por lo tanto, el costo de producción de un trabajador está restringido

因此，工人的生产成本受到限制

se restringe casi por completo a los medios de subsistencia que necesita para su manutención

它几乎完全限于他维持生活所需的生活资料

y se restringe a los medios de subsistencia que necesita para la propagación de su raza

它仅限于他繁衍种族所需的生活资料

Pero el precio de una mercancía, y por lo tanto también del trabajo, es igual a su costo de producción

但是，商品的价格，因此也包括劳动力的价格，等于它的生产成本

Por lo tanto, a medida que aumenta la repulsividad del trabajo, disminuye el salario

因此，随着工作的排斥性增加，工资就会按比例下降

Es más, la repulsión de su obra aumenta a un ritmo aún mayor

不，他工作的令人厌恶的速度甚至更大

A medida que aumenta el uso de maquinaria y la división del trabajo, también lo hace la carga del trabajo

随着机器的使用和劳动分工的增加，劳动的负担也在增加

La carga del trabajo se incrementa con la prolongación de las horas de trabajo

劳动时间的延长增加了辛劳的负担

Se espera más del obrero en el mismo tiempo que antes

与以前一样，对劳动者的期望更高

Y, por supuesto, la carga del trabajo aumenta por la velocidad de la maquinaria

当然，机器的速度会增加辛劳的负担

La industria moderna ha convertido el pequeño taller del amo patriarcal en la gran fábrica del capitalista industrial

现代工业已经把父权制主人的小作坊变成了工业资本家的大工厂

Las masas de obreros, hacinados en la fábrica, están organizadas como soldados

大批工人挤进工厂，像士兵一样组织起来

Como soldados rasos del ejército industrial están bajo el mando de una jerarquía perfecta de oficiales y sargentos

作为工业军队的士兵，他们被置于完美的军官和中士等级制度的指挥之下

no sólo son esclavos de la burguesía y del Estado

他们不仅是资产阶级和国家的奴隶

pero también son esclavizados diariamente y cada hora por la máquina

但他们也每天和每小时都受到机器的奴役

están esclavizados por el vigilante y, sobre todo, por el propio fabricante burgués

他们被监督者所奴役，尤其是被个别资产阶级制造商自己所奴役

Cuanto más abiertamente proclama este despotismo que la ganancia es su fin y su fin, tanto más mezquino, más odioso y más amargo es

这种专制主义越是公开宣称利益是它的目的和目标，它就越是卑鄙、越可恨、越令人痛苦

Cuanto más se desarrolla la industria moderna, menores son las diferencias entre los sexos

现代工业越发达，两性之间的差异就越小

Cuanto menor es la habilidad y el ejercicio de la fuerza implícitos en el trabajo manual, tanto más el trabajo de los hombres es reemplazado por el de las mujeres

体力劳动所隐含的技能和力量消耗越少，男性的劳动就越多被妇女的劳动所取代

Las diferencias de edad y sexo ya no tienen ninguna validez social distintiva para la clase obrera

对于工人阶级来说，年龄和性别的差异不再具有任何独特的社会有效性

Todos son instrumentos de trabajo, más o menos costosos de usar, según su edad y sexo

所有这些都是劳动工具，根据他们的年龄和性别，使用起来或多或少是昂贵的

tan pronto como el obrero recibe su salario en efectivo, es atacado por las otras partes de la burguesía

工人一拿到现金工资，资产阶级的其他部分就对他不利

el propietario, el tendero, el prestamista, etc

房东、店主、典当行等

Los estratos más bajos de la clase media; los pequeños comerciantes y tenderos

中产阶级的下层;小商人和店主

los comerciantes jubilados en general, y los artesanos y campesinos

一般是退休的商人，手工业者和农民

todo esto se hunde poco a poco en el proletariado

所有这些都逐渐沉入无产阶级

en parte porque su minúsculo capital no basta para la escala en que se desarrolla la industria moderna

部分原因是他们微薄的资本不足以维持现代工业的规模

y porque está inundada en la competencia con los grandes capitalistas

因为它在与大资本家的竞争中被淹没了

en parte porque sus habilidades especializadas se vuelven inútiles por los nuevos métodos de producción

部分原因是他们的专业技能因新的生产方法而变得毫无价值

De este modo, el proletariado es reclutado entre todas las clases de la población

因此，无产阶级是从各阶层人口中招募的

El proletariado pasa por varias etapas de desarrollo

无产阶级经历了不同的发展阶段

Con su nacimiento comienza su lucha con la burguesía

随着它的诞生，它开始了与资产阶级的斗争

Al principio, la contienda es llevada a cabo por trabajadores individuales

起初，比赛是由个体劳动者进行的

Entonces el concurso es llevado a cabo por los obreros de una fábrica

然后比赛由工厂的工人进行

Entonces la contienda es llevada a cabo por los operarios de un oficio, en una localidad

然后比赛由一个地方的一个行业的操作人员进行

y la contienda es entonces contra la burguesía individual que los explota directamente

然后，竞争是针对直接剥削他们的个别资产阶级的

No dirigen sus ataques contra las condiciones de producción de la burguesía

他们攻击的不是资产阶级的生产条件

pero dirigen su ataque contra los propios instrumentos de producción

但是他们把攻击指向生产工具本身

destruyen mercancías importadas que compiten con su mano de obra

他们销毁与他们的劳动力竞争的进口商品

Hacen pedazos la maquinaria y prenden fuego a las fábricas

他们把机器砸得粉碎，他们放火烧了工厂

tratan de restaurar por la fuerza el estado desaparecido del obrero de la Edad Media

他们试图用武力恢复中世纪工人消失的地位

En esta etapa, los obreros forman todavía una masa incoherente dispersa por todo el país

在这个阶段，工人仍然形成一个分散在全国各地的不连贯的群众

y se rompen por su mutua competencia

他们因相互竞争而破裂

Si en alguna parte se unen para formar cuerpos más compactos, esto no es todavía la consecuencia de su propia unión activa

如果它们在任何地方联合起来形成更紧凑的机构，这还不是他们自己积极联合的结果

pero es una consecuencia de la unión de la burguesía, para alcanzar sus propios fines políticos

但这是资产阶级联合的结果，以达到自己的政治目的

la burguesía se ve obligada a poner en movimiento a todo el proletariado

资产阶级被迫发动整个无产阶级的运动

y además, por un momento, la burguesía es capaz de hacerlo

而且，暂时，资产阶级能够这样做

Por lo tanto, en esta etapa, los proletarios no luchan contra sus enemigos

因此，在这个阶段，无产者不与敌人作战

sino que están luchando contra los enemigos de sus enemigos

相反，他们正在与敌人的敌人作战

la lucha contra los restos de la monarquía absoluta y los terratenientes

与绝对君主制和地主的残余作斗争

luchan contra la burguesía no industrial; la pequeña burguesía

他们与非工业资产阶级作斗争;小资产阶级

De este modo, todo el movimiento histórico se concentra en manos de la burguesía

这样，整个历史运动就集中在资产阶级的手中

cada victoria así obtenida es una victoria para la burguesía

这样取得的每一场胜利，都是资产阶级的胜利

Pero con el desarrollo de la industria, el proletariado no sólo aumenta en número

但是，随着工业的发展，无产阶级不仅在人数上有所增加

el proletariado se concentra en grandes masas y su fuerza crece

无产阶级集中于更大的群众，无产阶级的力量在增长

y el proletariado siente cada vez más esa fuerza

无产阶级越来越感受到这种力量

Los diversos intereses y condiciones de vida en las filas del proletariado se igualan cada vez más

无产阶级队伍中的各种利益和生活条件越来越平等

se vuelven más proporcionales a medida que la maquinaria borra todas las distinciones de trabajo

随着机器消除了所有劳动的区别，它们变得更加相称

y la maquinaria reduce los salarios al mismo nivel bajo en casi todas partes

几乎所有地方的机器都把工资降低到同样的低水平

La creciente competencia entre la burguesía, y las crisis comerciales resultantes, hacen que los salarios de los obreros sean cada vez más fluctuantes

资产阶级之间日益激烈的竞争，以及由此产生的商业危机，使工人的工资更加波动

La mejora incesante de la maquinaria, que se desarrolla cada vez más rápidamente, hace que sus medios de vida sean cada vez más precarios

机器的不断改进，越来越迅速的发展，使他们的生计越来越不稳定

los choques entre obreros individuales y burgueses
individuales toman cada vez más el carácter de choques
entre dos clases

个别工人和个别资产阶级之间的冲突越来越具有两个
阶级之间冲突的性质

A partir de ese momento, los obreros comienzan a formar
uniones (sindicatos) contra la burguesía

于是，工人开始结成反对资产阶级的联合体（工会）

se agrupan para mantener el ritmo de los salarios

他们为了保持工资水平而聚在一起

Fundaron asociaciones permanentes para hacer frente de
antemano a estas revueltas ocasionales

他们找到了永久的协会，以便事先为这些偶尔的叛乱
做好准备

Aquí y allá la contienda estalla en disturbios

比赛在这里和那里爆发了骚乱

De vez en cuando los obreros salen victoriosos, pero sólo por
un tiempo

工人们时不时地取得胜利，但只是暂时的

El verdadero fruto de sus batallas no reside en el resultado
inmediato, sino en la unión cada vez mayor de los
trabajadores

他们斗争的真正成果不在于立竿见影的结果，而在于
不断扩大的工人工会

Esta unión se ve favorecida por la mejora de los medios de
comunicación creados por la industria moderna

现代工业创造的改进的通信手段有助于这种结合

La comunicación moderna pone en contacto a los
trabajadores de diferentes localidades

现代通信使不同地区的工人相互联系

Era precisamente este contacto el que se necesitaba para
centralizar las numerosas luchas locales en una lucha
nacional entre clases

正是这种联系，才需要将众多的地方斗争集中到一个阶级之间的全国性斗争中来

Todas estas luchas tienen el mismo carácter, y toda lucha de clases es una lucha política

所有这些斗争都具有相同的性质，每一次阶级斗争都是政治斗争

los burgueses de la Edad Media, con sus miserables carreteras, necesitaron siglos para formar sus uniones

中世纪的市民，他们悲惨的高速公路，需要几个世纪才能组建他们的工会

Los proletarios modernos, gracias a los ferrocarriles, logran sus sindicatos en pocos años

现代无产者，多亏了铁路，在几年内就实现了工会

Esta organización de los proletarios en una clase los formó, por consiguiente, en un partido político

无产者组织成一个阶级，于是把他们组成了一个政党

La clase política se ve continuamente molesta por la competencia entre los propios trabajadores

政治阶层不断地被工人之间的竞争所困扰

Pero la clase política sigue levantándose de nuevo, más fuerte, más firme, más poderosa

但政治阶层继续再次崛起，更强大、更坚定、更强大

Obliga al reconocimiento legislativo de los intereses particulares de los trabajadores

它迫使立法承认工人的特殊利益

lo hace aprovechándose de las divisiones en el seno de la propia burguesía

它通过利用资产阶级本身的分裂来做到这一点

De este modo, el proyecto de ley de las diez horas en Inglaterra se convirtió en ley

因此，英国的十小时法案被纳入法律

en muchos sentidos, las colisiones entre las clases de la vieja sociedad son, además, el curso del desarrollo del proletariado

在许多方面，旧社会各阶级之间的冲突是无产阶级发展的进程

La burguesía se ve envuelta en una batalla constante

资产阶级发现自己卷入了一场持续不断的战斗

Al principio se verá envuelto en una batalla constante con la aristocracia

起初，它会发现自己卷入了与贵族的持续斗争

más tarde se verá envuelta en una batalla constante con esas partes de la propia burguesía

以后，它将发现自己卷入了与资产阶级本身的那些部分的不断斗争中

y sus intereses se habrán vuelto antagónicos al progreso de la industria

他们的利益将与工业的进步背道而驰

en todo momento, sus intereses se habrán vuelto antagónicos con la burguesía de los países extranjeros

在任何时候，他们的利益都会与外国资产阶级对立

En todas estas batallas se ve obligado a apelar al proletariado y pide su ayuda

在所有这些斗争中，它认为自己不得不向无产阶级求助，并请求无产阶级的帮助

y, por lo tanto, se sentirá obligado a arrastrarlo a la arena política

因此，它将被迫将其拖入政治舞台

La burguesía misma, por lo tanto, suministra al proletariado sus propios instrumentos de educación política y general

因此，资产阶级本身就向无产阶级提供自己的政治和一般教育工具

en otras palabras, suministra al proletariado armas para luchar contra la burguesía

换言之，它为无产阶级提供了与资产阶级作斗争的武器

Además, como ya hemos visto, sectores enteros de las clases dominantes se precipitan en el proletariado

此外，正如我们已经看到的，统治阶级的整个部分都沉淀成无产阶级

el avance de la industria los absorbe en el proletariado
工业的进步把他们吸进了无产阶级

o, al menos, están amenazados en sus condiciones de existencia
或者，至少，他们的生存条件受到威胁

Estos también suministran al proletariado nuevos elementos de ilustración y progreso
这些也为无产阶级提供了启蒙和进步的新元素

Finalmente, en momentos en que la lucha de clases se acerca a la hora decisiva
最后，在阶级斗争接近决定性时刻的时候

el proceso de disolución que se está llevando a cabo en el seno de la clase dominante
统治阶级内部正在进行的解体过程

De hecho, la disolución que se está produciendo en el seno de la clase dominante se sentirá en toda la sociedad
事实上，统治阶级内部的解体将在整个社会中感受到

Tomará un carácter tan violento y deslumbrante, que un pequeño sector de la clase dominante se quedará a la deriva
它将呈现出如此暴力、刺眼的特征，以至于统治阶级的一小部分人会漂泊不定

y esa clase dominante se unirá a la clase revolucionaria
统治阶级将加入革命阶级

La clase revolucionaria es la clase que tiene el futuro en sus manos
革命阶级是把未来掌握在自己手中的阶级

Al igual que en un período anterior, una parte de la nobleza se pasó a la burguesía
就像在更早的时期一样，一部分贵族倒向了资产阶级

de la misma manera que una parte de la burguesía se pasará al proletariado
同样，一部分资产阶级将转向无产阶级

en particular, una parte de la burguesía pasará a una parte de los ideólogos de la burguesía

特别是，一部分资产阶级将转向一部分资产阶级思想家

Ideólogos burgueses que se han elevado al nivel de comprender teóricamente el movimiento histórico en su conjunto

资产阶级思想家，他们把自己提高到从理论上理解整个历史运动的水平

De todas las clases que hoy se encuentran frente a frente con la burguesía, sólo el proletariado es una clase realmente revolucionaria

在今天与资产阶级面对面的所有阶级中，只有无产阶级是一个真正的革命阶级

Las otras clases decaen y finalmente desaparecen frente a la industria moderna

其他阶级在现代工业面前腐朽并最终消失

el proletariado es su producto especial y esencial

无产阶级是无产阶级的特殊和必不可少的产品

La clase media baja, el pequeño fabricante, el tendero, el artesano, el campesino

下层中产阶级、小制造商、店主、工匠、农民

todos ellos luchan contra la burguesía

所有这些都是反对资产阶级的

Luchan como fracciones de la clase media para salvarse de la extinción

他们作为中产阶级的一部分而战，以拯救自己免于灭绝

Por lo tanto, no son revolucionarios, sino conservadores

因此，他们不是革命的，而是保守的

Más aún, son reaccionarios, porque tratan de hacer retroceder la rueda de la historia

更何况，他们是反动的，因为他们试图推翻历史的车轮

Si por casualidad son revolucionarios, lo son sólo en vista de su inminente transferencia al proletariado

如果说他们是革命的，那只是因为他们即将转入无产阶级

Por lo tanto, no defienden sus intereses presentes, sino sus intereses futuros

因此，他们捍卫的不是他们现在的利益，而是他们未来的利益

abandonan su propio punto de vista para situarse en el del proletariado

他们抛弃了自己的立场，把自己置于无产阶级的立场上

La "clase peligrosa", la escoria social, esa masa pasivamente putrefacta arrojada por las capas más bajas de la vieja sociedad

"危险阶级"，社会败类，被旧社会最底层抛弃的被动腐烂的群众

pueden, aquí y allá, ser arrastrados al movimiento por una revolución proletaria

他们可能会在这里和那里被无产阶级革命卷入运动

Sus condiciones de vida, sin embargo, la preparan mucho más para el papel de un instrumento sobornado de la intriga reaccionaria

然而，它的生活条件使它为反动阴谋的贿赂工具做好了更多的准备

En las condiciones del proletariado, los de la vieja sociedad en general están ya virtualmente desbordados

在无产阶级的条件下，整个旧社会的状况实际上已经被淹没了

El proletario carece de propiedad

无产者是没有财产的

su relación con su mujer y sus hijos ya no tiene nada en común con las relaciones familiares de la burguesía

他与妻子和孩子的关系与资产阶级的家庭关系不再有任何共同之处

el trabajo industrial moderno, el sometimiento moderno al capital, lo mismo en Inglaterra que en Francia, en Estados Unidos como en Alemania

现代工业劳动，现代对资本的服从，在英国和法国一样，在美国和德国一样

Su condición en la sociedad lo ha despojado de todo rastro de carácter nacional

他在社会上的地位剥夺了他民族性格的每一丝痕迹

El derecho, la moral, la religión, son para él otros tantos prejuicios burgueses

法律、道德、宗教，对他来说是那么多的资产阶级偏见

y detrás de estos prejuicios acechan emboscados otros tantos intereses burgueses

在这些偏见的背后，潜伏着许多资产阶级利益

Todas las clases precedentes que se impusieron trataron de fortalecer su estatus ya adquirido

所有先前占上风的阶级都试图巩固他们已经获得的地位

Lo hicieron sometiendo a la sociedad en general a sus condiciones de apropiación

他们通过使整个社会服从他们的占有条件来做到这一点

Los proletarios no pueden llegar a ser dueños de las fuerzas productivas de la sociedad

无产者不能成为社会生产力的主人

sólo puede hacerlo aboliendo su propio modo anterior de apropiación

它只能通过废除自己以前的拨款模式来做到这一点

y, por lo tanto, también suprime cualquier otro modo anterior de apropiación

因此，它也废除了以前的所有其他拨款方式

No tienen nada propio que asegurar y fortificar

他们没有自己的任何东西可以保护和加强

Su misión es destruir todos los valores y seguros anteriores de la propiedad individual

他们的任务是销毁所有以前的个人财产证券和保险

Todos los movimientos históricos anteriores fueron movimientos de minorías

以前所有的历史运动都是少数民族的运动

o eran movimientos en interés de las minorías

或者它们是为了少数群体的利益而进行的运动

El movimiento proletario es el movimiento consciente e independiente de la inmensa mayoría

无产阶级运动是绝大多数人的自觉的、独立的运动

Y es un movimiento en interés de la inmensa mayoría

这是一场符合绝大多数人利益的运动

El proletariado, el estrato más bajo de nuestra sociedad actual

无产阶级，我们当今社会的最底层

no puede agitarse ni elevarse sin que todos los estratos superiores de la sociedad oficial salgan al aire

如果没有官方社会的整个上层阶级，它就无法搅动或提升自己

Aunque no en el fondo, sí en la forma, la lucha del proletariado con la burguesía es, al principio, una lucha nacional

无产阶级同资产阶级的斗争虽然不是实质上的，但形式上却是民族斗争

El proletariado de cada país debe, por supuesto, en primer lugar arreglar las cosas con su propia burguesía

当然，每个国家的无产阶级首先必须同自己的资产阶级解决问题

Al describir las fases más generales del desarrollo del proletariado, hemos trazado la guerra civil más o menos velada

在描述无产阶级发展的最一般阶段时，我们追溯了或
多或少隐蔽的内战

**Este civil está haciendo estragos dentro de la sociedad
existente**

这种民间在现存社会中肆虐

**Se enfurecerá hasta el punto en que esa guerra estalle en una
revolución abierta**

它将肆虐到战争爆发为公开革命的地步

**y luego el derrocamiento violento de la burguesía sienta las
bases para el dominio del proletariado**

然后暴力推翻资产阶级，为无产阶级的统治奠定了基
础

**Hasta ahora, todas las formas de sociedad se han basado,
como ya hemos visto, en el antagonismo de las clases
opresoras y oprimidas**

正如我们已经看到的那样，迄今为止，每一种社会形
式都是建立在压迫阶级和被压迫阶级的对抗之上的

**Pero para oprimir a una clase, hay que asegurarle ciertas
condiciones**

但是，为了压迫一个阶级，必须向它保证某些条件

**La clase debe ser mantenida en condiciones en las que
pueda, por lo menos, continuar su existencia servil**

这个阶级必须保持在至少能够继续其奴隶存在的条件
下

**El siervo, en el período de la servidumbre, se elevaba a la
comuna**

农奴在农奴制时期，将自己提升为公社成员

**del mismo modo que la pequeña burguesía, bajo el yugo del
absolutismo feudal, logró convertirse en burguesía**

正如小资产阶级在封建专制主义的枷锁下，设法发展
成为资产阶级一样

**El obrero moderno, por el contrario, en lugar de elevarse con
el progreso de la industria, se hunde cada vez más**

相反，现代劳动者不但没有随着工业的进步而上升，反而越陷越深

se hunde por debajo de las condiciones de existencia de su propia clase

他沉沦在自己阶级的生存条件之下

Se convierte en un indigente, y el pauperismo se desarrolla más rápidamente que la población y la riqueza

他变成了一个穷人，而穷人比人口和财富发展得更快

Y aquí se hace evidente que la burguesía ya no es apta para ser la clase dominante de la sociedad

在这里，很明显，资产阶级不再适合成为社会的统治阶级

y no es apta para imponer sus condiciones de existencia a la sociedad como una ley imperativa

不宜将其生存条件作为压倒一切的法律强加于社会

Es incapaz de gobernar porque es incapaz de asegurar una existencia a su esclavo dentro de su esclavitud

它不适合统治，因为它没有能力确保它的奴隶在他的奴役中生存

porque no puede evitar dejarlo hundirse en tal estado, que tiene que alimentarlo, en lugar de ser alimentado por él

因为它忍不住让他陷入这样的状态，以至于它必须喂养他，而不是被他喂养

La sociedad ya no puede vivir bajo esta burguesía

社会不能再生活在这种资产阶级的统治下

En otras palabras, su existencia ya no es compatible con la sociedad

换句话说，它的存在不再与社会相容

La condición esencial para la existencia y el dominio de la burguesía es la formación y el aumento del capital

资产阶级存在和影响的必要条件是资本的形成和壮大

La condición del capital es el trabajo asalariado

资本的条件是雇佣劳动

El trabajo asalariado se basa exclusivamente en la competencia entre los trabajadores

雇佣劳动完全建立在劳动者之间的竞争之上

El avance de la industria, cuyo promotor involuntario es la burguesía, sustituye al aislamiento de los obreros

工业的进步，其非自愿的推动者是资产阶级，它取代了工人的孤立

por la competencia, por su combinación revolucionaria, por la asociación

由于竞争，由于他们的革命性组合，由于协会

El desarrollo de la industria moderna corta bajo sus pies los cimientos mismos sobre los cuales la burguesía produce y se apropia de los productos

现代工业的发展，从脚下割断了资产阶级生产和占有产品的基础

Lo que la burguesía produce, sobre todo, son sus propios sepultureros

资产阶级生产的，首先是它自己的掘墓人

La caída de la burguesía y la victoria del proletariado son igualmente inevitables

资产阶级的垮台和无产阶级的胜利同样是不可避免的

Proletarios y comunistas
无产者和共产主义者

¿Qué relación tienen los comunistas con el conjunto de los proletarios?
共产党人与整个无产者的关系是什么？

Los comunistas no forman un partido separado opuesto a otros partidos de la clase obrera
共产党人没有组成一个反对其他工人阶级政党的独立政党

No tienen intereses separados y aparte de los del proletariado en su conjunto
他们没有与整个无产阶级的利益分开的利益

No establecen ningún principio sectario propio, con el cual dar forma y moldear el movimiento proletario
他们没有建立自己的任何宗派原则来塑造和塑造无产阶级运动

Los comunistas se distinguen de los demás partidos obreros sólo por dos cosas
共产党与其他工人阶级政党的区别仅在于两件事

En primer lugar, señalan y ponen en primer plano los intereses comunes de todo el proletariado, independientemente de toda nacionalidad
首先，他们指出并把整个无产阶级的共同利益摆在前面，不分民族

Esto lo hacen en las luchas nacionales de los proletarios de los diferentes países
他们在不同国家的无产阶级的民族斗争中就是这样做的

En segundo lugar, siempre y en todas partes representan los intereses del movimiento en su conjunto
其次，他们无时无刻不在代表整个运动的利益

esto lo hacen en las diversas etapas de desarrollo por las que tiene que pasar la lucha de la clase obrera contra la burguesía

他们在工人阶级反对资产阶级的斗争必须经历的各个发展阶段中都是这样做的

Los comunistas son, por lo tanto, por una parte, prácticamente, el sector más avanzado y resuelto de los partidos obreros de todos los países

因此，共产党人一方面实际上是各国工人阶级政党中最先进、最坚定的部分

Son ese sector de la clase obrera que empuja hacia adelante a todos los demás

他们是工人阶级中推动所有其他阶级前进的那部分人

Teóricamente, también tienen la ventaja de entender claramente la línea de marcha

从理论上讲，它们还具有清楚地了解行军路线的优势

Esto lo comprenden mejor comparado con la gran masa del proletariado

与无产阶级的广大群众相比，他们更了解这一点

Comprenden las condiciones y los resultados generales finales del movimiento proletario

他们了解无产阶级运动的条件和最终的一般结果

El objetivo inmediato del comunista es el mismo que el de todos los demás partidos proletarios

共产党的直接目标同所有其他无产阶级政党的直接目标相同

Su objetivo es la formación del proletariado en una clase

他们的目标是把无产阶级形成一个阶级

su objetivo es derrocar la supremacía burguesa

他们的目标是推翻资产阶级至高无上的地位

la lucha por la conquista del poder político por el proletariado

无产阶级夺取政权的斗争

Las conclusiones teóricas de los comunistas no se basan en modo alguno en ideas o principios de reformadores

共产党人的理论结论绝不是基于改革者的思想或原则

no fueron los aspirantes a reformadores universales los que inventaron o descubrieron las conclusiones teóricas de los comunistas

发明或发现共产党人的理论结论的不是潜在的普遍改革者

Se limitan a expresar, en términos generales, las relaciones reales que surgen de una lucha de clases existente

它们只是笼统地表达了从现存的阶级斗争中产生的实际关系

Y describen el movimiento histórico que está ocurriendo ante nuestros propios ojos y que ha creado esta lucha de clases

他们描述了在我们眼皮底下发生的历史运动，这些运动造成了这场阶级斗争

La abolición de las relaciones de propiedad existentes no es en absoluto un rasgo distintivo del comunismo

废除现存的财产关系根本不是共产主义的一个显著特征

Todas las relaciones de propiedad en el pasado han estado continuamente sujetas a cambios históricos

过去的所有财产关系都不断受到历史变化的影响

y estos cambios fueron consecuencia del cambio en las condiciones históricas

这些变化是历史条件变化的结果

La Revolución Francesa, por ejemplo, abolió la propiedad feudal en favor de la propiedad burguesa

例如，法国大革命废除了封建财产，取而代之的是资产阶级财产

El rasgo distintivo del comunismo no es la abolición de la propiedad, en general

共产主义的显著特征不是废除财产

pero el rasgo distintivo del comunismo es la abolición de la propiedad burguesa

但共产主义的显著特点是废除了资产阶级财产

Pero la propiedad privada de la burguesía moderna es la expresión última y más completa del sistema de producción y apropiación de productos

但是，现代资产阶级私有制是生产和占有产品制度的最后和最完整的表现

Es el estado final de un sistema que se basa en los antagonismos de clase, donde el antagonismo de clase es la explotación de la mayoría por unos pocos

这是一个建立在阶级对立基础上的制度的最终状态，在这种制度中，阶级对立是少数人对多数人的剥削

En este sentido, la teoría de los comunistas puede resumirse en una sola frase; la abolición de la propiedad privada

从这个意义上说，共产党人的理论可以用一句话来概括;废除私有财产

A los comunistas se nos ha reprochado el deseo de abolir el derecho de adquirir personalmente la propiedad

我们共产党人因废除个人获得财产的权利而受到指责

Se afirma que esta propiedad es el fruto del propio trabajo de un hombre

据称，这种财产是人类自己劳动的成果

y se alega que esta propiedad es la base de toda libertad, actividad e independencia personal.

据称，这种财产是所有个人自由、活动和独立的基础。

"¡Propiedad ganada con esfuerzo, adquirida por uno mismo, ganada por uno mismo!"

"来之不易的、自得的、自赚来的财产！"

¿Te refieres a la propiedad del pequeño artesano y del pequeño campesino?

你是说小手工业者和小农的财产吗？

¿Te refieres a una forma de propiedad que precedió a la forma burguesa?

你是说资产阶级形式之前的一种财产形式吗？

No hay necesidad de abolir eso, el desarrollo de la industria ya lo ha destruido en gran medida

没有必要废除它，工业的发展在很大程度上已经摧毁了它

y el desarrollo de la industria sigue destruyéndola diariamente

工业的发展每天都在摧毁它

¿O te refieres a la propiedad privada de la burguesía moderna?

或者你是说现代资产阶级的私有财产？

Pero, ¿crea el trabajo asalariado alguna propiedad para el trabajador?

但是，雇佣劳动能为劳动者创造任何财产吗？

¡No, el trabajo asalariado no crea ni una pizca de este tipo de propiedad!

不，雇佣劳动没有创造这种财产的一点点！

Lo que sí crea el trabajo asalariado es capital; ese tipo de propiedad que explota el trabajo asalariado

雇佣劳动创造的是资本;那种剥削雇佣劳动的财产

El capital no puede aumentar sino a condición de engendrar una nueva oferta de trabajo asalariado para una nueva explotación

资本不能增加，除非是产生新的雇佣劳动供给，以便进行新的剥削

La propiedad, en su forma actual, se basa en el antagonismo entre el capital y el trabajo asalariado

目前形式的财产是建立在资本和雇佣劳动的对立之上的

Examinemos los dos lados de este antagonismo

让我们来看看这种对立的双方

Ser capitalista es tener no sólo un estatus puramente personal

成为资本家不仅要有纯粹的个人地位

En cambio, ser capitalista es también tener un estatus social en la producción

相反，成为资本家也是在生产中具有社会地位

porque el capital es un producto colectivo; Sólo mediante la acción unida de muchos miembros puede ponerse en marcha

因为资本是集体产品;只有通过许多成员的联合行动，它才能启动起来

Pero esta acción unida es el último recurso, y en realidad requiere de todos los miembros de la sociedad

但这种联合行动是最后的手段，实际上需要社会所有成员

El capital se convierte en propiedad de todos los miembros de la sociedad

资本确实转化为社会所有成员的财产

pero el Capital no es, por lo tanto, un poder personal; Es un poder social

但因此，资本不是个人的力量;它是一种社会力量

Así, cuando el capital se convierte en propiedad social, la propiedad personal no se transforma en propiedad social

因此，当资本转化为社会财产时，个人财产并没有因此转化为社会财产

Lo único que cambia es el carácter social de la propiedad y pierde su carácter de clase

只是财产的社会性质发生了变化，失去了它的阶级性质

Veamos ahora el trabajo asalariado

现在让我们看看雇佣劳动

El precio medio del trabajo asalariado es el salario mínimo, es decir, la cantidad de medios de subsistencia

雇佣劳动的平均价格是最低工资，即生活资料的数量

Este salario es absolutamente necesario en la mera existencia
de un obrero

这个工资对于作为劳动者来说是绝对必要的

Por lo tanto, lo que el asalariado se apropia por medio de su
trabajo, sólo basta para prolongar y reproducir una
existencia desnuda

因此，雇佣劳动者通过他的劳动所占有的东西，只够
延长和再生产一种赤裸裸的生活

De ninguna manera pretendemos abolir esta apropiación
personal de los productos del trabajo

我们决不打算废除这种对劳动产品的个人占有

una apropiación que se hace para el mantenimiento y la
reproducción de la vida humana

为维持和繁衍人类生命而进行的拨款

Tal apropiación personal de los productos del trabajo no
deja ningún excedente con el que ordenar el trabajo de otros

这种个人对劳动产品的占有，没有留下任何剩余来支
配别人的劳动

Lo único que queremos eliminar es el carácter miserable de
esta apropiación

我们想要消除的只是这种挪用的悲惨性质

la apropiación bajo la cual vive el obrero sólo para aumentar
el capital

劳动者生活所依赖的占有只是为了增加资本

Sólo se le permite vivir en la medida en que lo exija el
interés de la clase dominante

他只被允许在统治阶级的利益需要的范围内生活

En la sociedad burguesa, el trabajo vivo no es más que un
medio para aumentar el trabajo acumulado

在资产阶级社会中，活劳动不过是增加积累劳动的手
段

En la sociedad comunista, el trabajo acumulado no es más
que un medio para ampliar, para enriquecer y para promover
la existencia del obrero

在共产主义社会中，积累的劳动只不过是扩大、丰富和促进劳动者生存的手段

En la sociedad burguesa, por lo tanto, el pasado domina al presente

因此，在资产阶级社会中，过去支配着现在

en la sociedad comunista el presente domina al pasado

在共产主义社会中，现在主宰过去

En la sociedad burguesa el capital es independiente y tiene individualidad

在资产阶级社会中，资本是独立的，具有个性的

En la sociedad burguesa la persona viva es dependiente y no tiene individualidad

在资产阶级社会中，活着的人是依赖的，没有个性

¡Y la abolición de este estado de cosas es llamada por la burguesía, abolición de la individualidad y de la libertad!

资产阶级把废除这种状况称为废除个性和自由！

¡Y con razón se llama la abolición de la individualidad y de la libertad!

它被正确地称为废除个性和自由！

El comunismo aspira a la abolición de la individualidad burguesa

共产主义的目标是消灭资产阶级的个性

El comunismo pretende la abolición de la independencia burguesa

共产主义打算废除资产阶级独立

La libertad burguesa es, sin duda, a lo que aspira el comunismo

资产阶级自由无疑是共产主义的目标

en las actuales condiciones de producción de la burguesía, la libertad significa libre comercio, libre venta y compra

在资产阶级目前的生产条件下，自由意味着自由贸易、自由买卖

Pero si desaparece la venta y la compra, también desaparece la libre venta y la compra

但是，如果买卖消失了，那么自由买卖也消失了

Las "palabras valientes" de la burguesía sobre la libre venta y compra sólo tienen sentido en un sentido limitado

资产阶级关于自由买卖的"勇敢的话"只在有限的意义上有意义

Estas palabras tienen significado solo en contraste con la venta y la compra restringidas

这些词只有在与限制买卖形成对比时才有意义

y estas palabras sólo tienen sentido cuando se aplican a los comerciantes encadenados de la Edad Media

这些词只有在应用于中世纪受束缚的商人时才有意义

y eso supone que estas palabras incluso tienen un significado en un sentido burgués

这就假定这些词在资产阶级的意义上甚至有意义

pero estas palabras no tienen ningún significado cuando se usan para oponerse a la abolición comunista de la compra y venta

但是，当这些词被用来反对共产主义废除买卖时，它们就没有任何意义了

las palabras no tienen sentido cuando se usan para oponerse a la abolición de las condiciones de producción de la burguesía

当这些词被用来反对废除资产阶级生产条件时，它们就没有意义了

y no tienen ningún sentido cuando se utilizan para oponerse a la abolición de la propia burguesía

当它们被用来反对资产阶级本身被废除时，它们就没有任何意义了

Ustedes están horrorizados de nuestra intención de acabar con la propiedad privada

你对我们打算废除私有财产感到震惊

Pero en la sociedad actual, la propiedad privada ya ha sido eliminada para las nueve décimas partes de la población

但是在你们现有的社会中，十分之九的人口已经废除了私有财产

La existencia de la propiedad privada para unos pocos se debe únicamente a su inexistencia en manos de las nueve décimas partes de la población

少数人的私有财产之所以存在，完全是因为私有财产在十分之九的人口手中不存在

Por lo tanto, nos reprochas que pretendamos acabar con una forma de propiedad

因此，你责备我们打算废除一种财产形式

Pero la propiedad privada requiere la inexistencia de propiedad alguna para la inmensa mayoría de la sociedad

但是私有财产要求社会绝大多数人不存在任何财产

En una palabra, nos reprochas que pretendamos acabar con tu propiedad

一句话，你责备我们打算废除你的财产

Y es precisamente así; prescindir de su propiedad es justo lo que pretendemos

事实正是如此;取消您的财产正是我们的意图

Desde el momento en que el trabajo ya no puede convertirse en capital, dinero o renta

从劳动不能再转化为资本、货币或地租的那一刻起

cuando el trabajo ya no puede convertirse en un poder social capaz de ser monopolizado

当劳动不能再转化为能够被垄断的社会力量时

desde el momento en que la propiedad individual ya no puede transformarse en propiedad burguesa

从个人财产不能再转化为资产阶级财产的那一刻起

desde el momento en que la propiedad individual ya no puede transformarse en capital

从个人财产不能再转化为资本的那一刻起

A partir de ese momento, dices que la individualidad se desvanece

从那一刻起，你说个性消失了

Debéis confesar, pues, que por "individuo" no os referimos a otra persona que a la burguesía

因此，你必须承认，你所说的"个人"，除了资产阶级之外，不是指其他人

Debes confesar que se refiere específicamente al propietario de una propiedad de clase media

你必须承认，它特指中产阶级的财产所有者

Esta persona debe, en verdad, ser barrida del camino, y hecha imposible

事实上，这个人必须被扫地出门，变得不可能

El comunismo no priva a ningún hombre del poder de apropiarse de los productos de la sociedad

共产主义不剥夺任何人占有社会产品的权力

todo lo que hace el comunismo es privarlo del poder de subyugar el trabajo de otros por medio de tal apropiación

共产主义所做的一切，就是剥夺他通过这种占有来征服他人劳动的权力

Se ha objetado que, tras la abolición de la propiedad privada, cesará todo trabajo

有人反对说，一旦废除私有财产，所有工作都将停止

y entonces se sugiere que la pereza universal se apoderará de nosotros

然后有人建议普遍的懒惰将超越我们

De acuerdo con esto, la sociedad burguesa debería haber ido hace mucho tiempo a los perros por pura ociosidad

据此，资产阶级社会早就应该通过纯粹的懒惰去找狗了

porque los de sus miembros que trabajan, no adquieren nada

因为那些工作的成员，一无所获

y los de sus miembros que adquieren algo, no trabajan

而那些获得任何东西的成员，则不起作用

Toda esta objeción no es más que otra expresión de la tautología

这种反对意见的全部不过是重言式的另一种表现形式

Ya no puede haber trabajo asalariado cuando ya no hay capital

当不再有任何资本时，就不再有任何雇佣劳动

No hay diferencia entre los productos materiales y los productos mentales

物质产品和精神产品之间没有区别

El comunismo propone que ambos se producen de la misma manera

共产主义提出这两者都是以同样的方式产生的

pero las objeciones contra los modos comunistas de producirlos son las mismas

但是反对共产主义生产这些产品的方式是一样的

para la burguesía, la desaparición de la propiedad de clase es la desaparición de la producción misma

对资产阶级来说，阶级财产的消失就是生产本身的消失

De modo que la desaparición de la cultura de clase es para él idéntica a la desaparición de toda cultura

因此，在他看来，阶级文化的消失与所有文化的消失是一样的

Esa cultura, cuya pérdida lamenta, es para la inmensa mayoría un mero entrenamiento para actuar como una máquina

他为这种文化的丧失而感到遗憾，对绝大多数人来说，仅仅是一种充当机器的训练

Los comunistas tienen la firme intención de abolir la cultura de la propiedad burguesa

共产党人非常打算废除资产阶级财产文化

Pero no discutan con nosotros mientras apliquen el estándar de sus nociones burguesas de libertad, cultura, ley, etc

但是，只要你运用你的资产阶级自由、文化、法律等概念的标准，就不要和我们争吵

Vuestras mismas ideas no son más que el resultado de las condiciones de la producción burguesa y de la propiedad burguesa

你们的思想只不过是你们的资产阶级生产条件和资产阶级财产的产物

del mismo modo que vuestra jurisprudencia no es más que la voluntad de vuestra clase convertida en ley para todos

正如你们的法理学只不过是你们阶级的意志成为所有人的法律一样

El carácter esencial y la dirección de esta voluntad están determinados por las condiciones económicas que crea su clase social

这种意志的本质特征和方向是由你的社会阶层创造的经济条件决定的

El concepto erróneo egoísta que te induce a transformar las formas sociales en leyes eternas de la naturaleza y de la razón

自私的误解，诱使你把社会形式转化为永恒的自然法则和理性法则

las formas sociales que brotan de vuestro actual modo de producción y de vuestra forma de propiedad

从你们现在的生产方式和财产形式中产生的社会形式

relaciones históricas que surgen y desaparecen en el progreso de la producción

在生产过程中兴起和消失的历史关系

Este concepto erróneo lo compartes con todas las clases dominantes que te han precedido

你与你之前的每一个统治阶级都有这种误解

Lo que se ve claramente en el caso de la propiedad antigua, lo que se admite en el caso de la propiedad feudal

在古代财产的情况下，你清楚地看到的，在封建财产的情况下，你承认的

estas cosas, por supuesto, le está prohibido admitir en el caso de su propia forma burguesa de propiedad

在你自己的资产阶级财产形式的情况下，你当然是被禁止承认的

¡Abolición de la familia! Hasta los más radicales estallan ante esta infame propuesta de los comunistas

废除家庭！即使是最激进的人也对共产党人的这个臭名昭著的提议大发雷霆

¿Sobre qué base se asienta la familia actual, la familia Bourgeoisie?

现在的家庭，资产阶级家庭，是建立在什么基础上的？

La base de la familia actual se basa en el capital y la ganancia privada

目前家庭的基础是建立在资本和私人利益的基础上的

En su forma completamente desarrollada, esta familia sólo existe entre la burguesía

在完全发展的形式中，这个家庭只存在于资产阶级中

Este estado de cosas encuentra su complemento en la ausencia práctica de la familia entre los proletarios

这种状况在无产者中家庭的实际缺席中得到了补充

Este estado de cosas se puede encontrar en la prostitución pública

这种状况可以在公开卖淫中找到

La familia Bourgeoisie se desvanecerá como algo natural cuando su complemento se desvanezca

当资产阶级家族的补充消失时，资产阶级家族将理所当然地消失

y ambos se desvanecerán con la desaparición del capital

而这两种意志都将随着资本的消失而消失

¿Nos acusan de querer detener la explotación de los niños por parte de sus padres?

你是否指责我们想要阻止父母对儿童的剥削？

De este crimen nos declaramos culpables

对于这一罪行，我们认罪

Pero, dirás, destruimos la más sagrada de las relaciones, cuando reemplazamos la educación en el hogar por la educación social

但是，你会说，当我们用社会教育取代家庭教育时，我们破坏了最神圣的关系

¿No es también social su educación? ¿Y no está determinado por las condiciones sociales en las que se educa?

你的教育不是也是社会的吗？这难道不是由你教育的社会条件决定的吗？

por la intervención, directa o indirecta, de la sociedad, por medio de las escuelas, etc.

通过社会的直接或间接干预，通过学校等。

Los comunistas no han inventado la intervención de la sociedad en la educación

共产党人没有发明社会对教育的干预

lo único que pretenden es alterar el carácter de esa intervención

他们这样做只是试图改变这种干预的性质

y buscan rescatar la educación de la influencia de la clase dominante

他们试图将教育从统治阶级的影响中拯救出来

La burguesía habla de la sagrada correlación entre padres e hijos

资产阶级谈论父母和孩子的神圣关系

pero esta trampa sobre la familia y la educación se vuelve aún más repugnante cuando miramos a la industria moderna

但是，当我们看到现代工业时，这种关于家庭和教育的鼓掌陷阱变得更加令人作呕

Todos los lazos familiares entre los proletarios son desgarrados por la industria moderna

无产者之间的一切家庭关系都被现代工业撕裂了

Sus hijos se transforman en simples artículos de comercio e instrumentos de trabajo

他们的孩子变成了简单的商业物品和劳动工具

Pero vosotros, los comunistas, creáis una comunidad de mujeres, grita a coro toda la burguesía

但是你们共产党人会创建一个妇女社区，让整个资产阶级齐声尖叫

La burguesía ve en su mujer un mero instrumento de producción

资产阶级在妻子身上看到的只是生产工具

Oye que los instrumentos de producción deben ser explotados por todos

他听说生产工具要被所有人利用

Y, naturalmente, no puede llegar a otra conclusión que la de que la suerte de ser común a todos recaerá igualmente en las mujeres

而且，自然，他只能得出其他结论，即所有人共同的命运同样会落在女人身上

Ni siquiera sospecha que el verdadero objetivo es acabar con la condición de la mujer como meros instrumentos de producción

他甚至没有怀疑真正的意义在于消除妇女作为生产工具的地位

Por lo demás, nada es más ridículo que la virtuosa indignación de nuestra burguesía contra la comunidad de mujeres

至于其余的，没有什么比我们资产阶级对妇女社区的道德愤慨更荒谬的了

pretenden que sea abierta y oficialmente establecida por los comunistas

他们假装这是共产党人公开和正式建立的

Los comunistas no tienen necesidad de introducir la comunidad de mujeres, ha existido casi desde tiempos inmemoriales

共产党人没有必要引入妇女社区，它几乎从远古时代就存在

Nuestra burguesía no se contenta con tener a su disposición a las mujeres e hijas de sus proletarios
我们的资产阶级不满足于拥有无产者的妻子和女儿
Tienen el mayor placer en seducir a las esposas de los demás
他们以勾引对方的妻子为乐
Y eso sin hablar de las prostitutas comunes
这甚至不是普通
El matrimonio burgués es en realidad un sistema de esposas en común
资产阶级婚姻实际上是一种共同的妻子制度
entonces hay una cosa que se podría reprochar a los comunistas
那么有一件事共产党人可能会受到指责
Desean introducir una comunidad de mujeres abiertamente legalizada
他们希望引入一个公开合法化的妇女社区
en lugar de una comunidad de mujeres hipócritamente oculta
而不是一个虚伪隐藏的女性社区
la comunidad de mujeres que surgen del sistema de producción
从生产体系中产生的妇女社区
abolid el sistema de producción y abolid la comunidad de mujeres
廢除生產制度，你就廢除婦女社區
Se suprime la prostitución pública y la prostitución privada
公开卖淫和私人卖淫都被废除了
A los comunistas se les reprocha, además, que desean abolir los países y las nacionalidades
共产党人更是想废除国家和民族
Los trabajadores no tienen patria, así que no podemos quitarles lo que no tienen
工人没有国家，所以我们不能从他们那里拿走他们没有得到的东西

El proletariado debe, ante todo, adquirir la supremacía política

无产阶级首先必须获得政治上的至高无上的地位

El proletariado debe elevarse para ser la clase dirigente de la nación

无产阶级必须成为国家的领导阶级

El proletariado debe constituirse en la nación

无产阶级必须把自己建成民族

es, hasta ahora, nacional, aunque no en el sentido burgués de la palabra

到目前为止，它本身是民族的，尽管不是资产阶级意义上的

Las diferencias nacionales y los antagonismos entre los pueblos desaparecen cada día más

民族差异和民族之间的对立日益消失

debido al desarrollo de la burguesía, a la libertad de comercio, al mercado mundial

由于资产阶级的发展，由于商业自由，由于世界市场

a la uniformidad en el modo de producción y en las condiciones de vida correspondientes

生产方式和与之相适应的生活条件的统一性

La supremacía del proletariado hará que desaparezcan aún más rápidamente

无产阶级的至高无上地位将使他们消失得更快

La acción unida, al menos de los principales países civilizados, es una de las primeras condiciones para la emancipación del proletariado

至少是主要文明国家的联合行动，是无产阶级解放的首要条件之一

En la medida en que se ponga fin a la explotación de un individuo por otro, también se pondrá fin a la explotación de una nación por otra.

随着一个人对另一个人的剥削被结束，一个国家对另一个国家的剥削也将被结束。

A medida que desaparezca el antagonismo entre las clases dentro de la nación, la hostilidad de una nación hacia otra llegará a su fin

随着国家内部阶级之间的对立消失，一个国家对另一个国家的敌意将相应结束

Las acusaciones contra el comunismo hechas desde un punto de vista religioso, filosófico y, en general, ideológico, no merecen un examen serio

从宗教、哲学和一般意识形态的角度对共产主义的指控不值得认真研究

¿Se requiere una intuición profunda para comprender que las ideas, puntos de vista y concepciones del hombre cambian con cada cambio en las condiciones de su existencia material?

难道需要深刻的直觉才能理解人的思想、观点和观念随着物质生存条件的每一次变化而变化吗？

¿No es obvio que la conciencia del hombre cambia cuando cambian sus relaciones sociales y su vida social?

当人的社会关系和社会生活发生变化时，人的意识会发生变化，这难道不是显而易见的吗？

¿Qué otra cosa prueba la historia de las ideas sino que la producción intelectual cambia de carácter a medida que cambia la producción material?

思想史除了证明知识生产随着物质生产的变化而成比例地改变其性质之外，还有什么呢？

Las ideas dominantes de cada época han sido siempre las ideas de su clase dominante

每个时代的统治思想都是其统治阶级的思想

Cuando se habla de ideas que revolucionan la sociedad, no hace más que expresar un hecho

当人们谈论彻底改变社会的想法时，他们只表达了一个事实

Dentro de la vieja sociedad, se han creado los elementos de una nueva

在旧社会中，新社会的元素已经产生

y que la disolución de las viejas ideas sigue el mismo ritmo que la disolución de las viejas condiciones de existencia

旧观念的消解与旧存在条件的消解保持同步

Cuando el mundo antiguo estaba en sus últimos estertores, las religiones antiguas fueron vencidas por el cristianismo

当古代世界处于最后的阵痛中时，古老的宗教被基督教所征服

Cuando las ideas cristianas sucumbieron en el siglo XVIII a las ideas racionalistas, la sociedad feudal libró su batalla a muerte contra la burguesía revolucionaria de entonces

当基督教思想在18世纪屈服于理性主义思想时，封建社会与当时的革命资产阶级进行了殊死搏斗

Las ideas de la libertad religiosa y de la libertad de conciencia no hacían más que expresar el dominio de la libre competencia en el dominio del conocimiento

宗教自由和良心自由的思想只是表达了知识领域内自由竞争的影响力

"Indudablemente", se dirá, "las ideas religiosas, morales, filosóficas y jurídicas se han modificado en el curso del desarrollo histórico"

"毫无疑问，"人们会说，"宗教、道德、哲学和法律观念在历史发展过程中发生了变化"

"Pero la religión, la filosofía de la moral, la ciencia política y el derecho, sobrevivieron constantemente a este cambio"

"但宗教、道德哲学、政治学和法律，不断在这种变化中幸存下来"

"También hay verdades eternas, como la Libertad, la Justicia, etc."

"还有永恒的真理，如自由、正义等"

"Estas verdades eternas son comunes a todos los estados de la sociedad"

"这些永恒的真理是所有社会状态的共同真理"

"Pero el comunismo suprime las verdades eternas, suprime toda religión y toda moral"

"但共产主义废除了永恒的真理，它废除了所有的宗教和所有的道德"

"Lo hace en lugar de constituirlos sobre una nueva base"

"它这样做，而不是在新的基础上构成它们"

"Por lo tanto, actúa en contradicción con toda la experiencia histórica pasada"

"因此，它的行为与过去的所有历史经验相矛盾"

¿A qué se reduce esta acusación?

这种指责本身归结为什么？

La historia de toda la sociedad pasada ha consistido en el desarrollo de antagonismos de clase

过去所有社会的历史都是在阶级对立的发展中形成的

antagonismos que asumieron diferentes formas en diferentes épocas

在不同时代呈现不同形式的对立

Pero cualquiera que sea la forma que hayan tomado, un hecho es común a todas las épocas pasadas

但无论他们采取何种形式，一个事实是过去所有时代的共同事实

la explotación de una parte de la sociedad por la otra

社会的一部分被另一部分剥削

No es de extrañar, pues, que la conciencia social de épocas pasadas se mueva dentro de ciertas formas comunes o ideas generales

因此，难怪过去时代的社会意识是在某些共同的形式或一般观念中运动的

(y eso a pesar de toda la multiplicidad y variedad que muestra)

（尽管它显示了所有的多样性和多样性）

y éstos no pueden desaparecer por completo sino con la desaparición total de los antagonismos de clase

除非阶级对立完全消失，否则这些都不可能完全消失

La revolución comunista es la ruptura más radical con las relaciones tradicionales de propiedad

共产主义革命是与传统财产关系最彻底的决裂

No es de extrañar que su desarrollo implique la ruptura más radical con las ideas tradicionales

难怪它的发展涉及与传统观念的最彻底的决裂

Pero dejemos de lado las objeciones de la burguesía al comunismo

但是，让我们把资产阶级对共产主义的反对说完了

Hemos visto más arriba el primer paso de la revolución de la clase obrera

我们已经看到了工人阶级革命的第一步

Hay que elevar al proletariado a la posición de gobernante, para ganar la batalla de la democracia

无产阶级必须上升到统治的地位，才能赢得民主的战斗

El proletariado utilizará su supremacía política para arrebatar, poco a poco, todo el capital a la burguesía

无产阶级将利用自己的政治优势，逐步从资产阶级手中夺取一切资本

centralizará todos los instrumentos de producción en manos del Estado

它将把所有生产工具集中在国家手中

En otras palabras, el proletariado organizado como clase dominante

换言之，无产阶级组织起来就是统治阶级

y aumentará el total de las fuerzas productivas lo más rápidamente posible

它将尽快增加生产力总量

Por supuesto, al principio, esto no puede llevarse a cabo sino por medio de incursiones despóticas en los derechos de propiedad

当然，在一开始，除非通过对财产权的专制干涉，否则这是无法实现的

y tiene que lograrse en las condiciones de la producción burguesa

它必须在资产阶级生产的条件下实现

Por lo tanto, se logra mediante medidas que parecen económicamente insuficientes e insostenibles

因此，它是通过在经济上似乎不足和站不住脚的措施来实现的

pero estos medios, en el curso del movimiento, se superan a sí mismos

但是，在运动过程中，这些手段超越了自己

Requieren nuevas incursiones en el viejo orden social

它们需要进一步侵入旧的社会秩序

y son ineludibles como medio de revolucionar por completo el modo de producción

它们作为彻底改变生产方式的手段是不可避免的

Por supuesto, estas medidas serán diferentes en los distintos países

当然，这些措施在不同的国家会有所不同

Sin embargo, en los países más avanzados, lo siguiente será de aplicación bastante general

然而，在最先进的国家，以下内容将非常普遍适用

1. Abolición de la propiedad de la tierra y aplicación de todas las rentas de la tierra a fines públicos.

1.废除土地财产，将所有土地租金用于公共目的。

2. Un fuerte impuesto progresivo o gradual sobre la renta.

2. 重度累进或累进所得税。

3. Abolición de todo derecho de herencia.

3.废除一切继承权。

4. Confiscación de los bienes de todos los emigrantes y rebeldes.

4. 没收所有移民和叛乱分子的财产。

5. Centralización del crédito en manos del Estado, por medio de un banco nacional de capital estatal y monopolio exclusivo.

5.通过拥有国家资本和独家垄断的国家银行，将信贷集中到国家手中。

6. Centralización de los medios de comunicación y transporte en manos del Estado.

6.通讯和运输手段集中于国家手中。

7. Ampliación de fábricas e instrumentos de producción propiedad del Estado

7.扩大国有工厂和生产工具

la puesta en cultivo de tierras baldías y el mejoramiento del suelo en general de acuerdo con un plan común.

将荒地开垦开垦，并按照共同计划对土壤进行改良。

8. Igual responsabilidad de todos hacia el trabajo

8. 人人对劳动负有同等责任

Establecimiento de ejércitos industriales, especialmente para la agricultura.

建立工业军队，特别是农业军队。

9. Combinación de la agricultura con las industrias manufactureras

9. 农业与制造业的结合

Abolición gradual de la distinción entre la ciudad y el campo, por una distribución más equitativa de la población en todo el país.

逐步消除城乡的区别，在全国范围内更公平地分配人口。

10. Educación gratuita para todos los niños en las escuelas públicas.

10. 公立学校所有儿童均免费接受教育。

Abolición del trabajo infantil en las fábricas en su forma actual

废除目前形式的工厂童工

Combinación de la educación con la producción industrial

教育与工业生产相结合

Cuando, en el curso del desarrollo, las distinciones de clase han desaparecido

在发展过程中，阶级差异消失了

y cuando toda la producción se ha concentrado en manos de una vasta asociación de toda la nación

当所有生产都集中在整个民族的广大联合手中时

entonces el poder público perderá su carácter político

那么公共权力将失去其政治性质

El poder político, propiamente dicho, no es más que el poder organizado de una clase para oprimir a otra

政治权力，恰如其分地称为政治权力，只是一个阶级压迫另一个阶级的有组织的力量

Si el proletariado, en su lucha contra la burguesía, se ve obligado, por la fuerza de las circunstancias, a organizarse como clase

如果无产阶级在与资产阶级的较量中，由于环境的力量，被迫把自己组织成一个阶级

si, por medio de una revolución, se convierte en la clase dominante

如果通过革命，它使自己成为统治阶级

y, como tal, barre por la fuerza las viejas condiciones de producción

因此，它用武力扫除旧的生产条件

entonces, junto con estas condiciones, habrá barrido las condiciones para la existencia de los antagonismos de clase y de las clases en general

这样，它就会同这些条件一起扫除阶级对立和一般阶级存在的条件

y con ello habrá abolido su propia supremacía como clase.

从而将废除它自己作为一个阶级的至高无上的地位。

En lugar de la vieja sociedad burguesa, con sus clases y sus antagonismos de clase, tendremos una asociación

代替旧的资产阶级社会，它的阶级和阶级对立，我们将有一个联合体

una asociación en la que el libre desarrollo de cada uno sea la condición para el libre desarrollo de todos

一个协会，在这个协会中，每个人的自由发展是所有
人自由发展的条件

1) Socialismo reaccionario
1）反动社会主义

a) Socialismo feudal
a）封建社会主义

las aristocracias de Francia e Inglaterra tenían una posición
histórica única
法国和英国的贵族具有独特的历史地位
se convirtió en su vocación escribir panfletos contra la
sociedad burguesa moderna
写反对现代资产阶级社会的小册子成为他们的天职
En la Revolución Francesa de julio de 1830 y en la agitación
reformista inglesa
在1830年7月的法国大革命和英国的改革鼓动中
Estas aristocracias sucumbieron de nuevo ante el odioso
advenedizo
这些贵族再次屈服于可恶的暴发户
A partir de entonces, una contienda política seria quedó
totalmente fuera de discusión
从此以后，一场严肃的政治较量就完全不可能了
Todo lo que quedaba posible era una batalla literaria, no
una batalla real
剩下的只是文学之战，而不是一场真正的战斗
Pero incluso en el dominio de la literatura, los viejos gritos
del período de la restauración se habían vuelto imposibles
但即使在文学领域，复辟时期的旧呼声也变得不可能
了

Para despertar simpatías, la aristocracia se vio obligada a perder de vista, aparentemente, sus propios intereses

为了引起同情，贵族们显然不得不忽视自己的利益

y se vieron obligados a formular su acusación contra la burguesía en interés de la clase obrera explotada

他们不得不为了被剥削的工人阶级的利益而对资产阶级提出控诉

Así, la aristocracia se vengó cantando sátiras a su nuevo amo

因此，贵族们通过对他们的新主人进行嘲讽来报复

y se vengaron susurrándole al oído siniestras profecías de catástrofe venidera

他们为了报复，在他耳边低语着即将到来的灾难的险恶预言

De esta manera surgió el socialismo feudal: mitad lamentación, mitad sátira

封建社会主义就这样出现了：一半是哀叹，一半是嘲讽

Sonaba como medio eco del pasado y proyectaba mitad amenaza del futuro

它一半是过去的回声，一半是未来的威胁

a veces, con su crítica amarga, ingeniosa e incisiva, golpeó a la burguesía hasta la médula

有时，它以尖锐、诙谐和尖锐的批评，击中了资产阶级的核心

pero siempre fue ridículo en su efecto, por su total incapacidad para comprender la marcha de la historia moderna

但它的效果总是荒谬的，因为它完全无法理解现代历史的进程

La aristocracia, con el fin de atraer al pueblo hacia ellos, agitaba la bolsa de limosnas proletaria delante como una bandera

贵族们为了把人民团结到他们身边，在前面挥舞着无产阶级的施舍袋，要一面旗帜

Pero el pueblo, tan a menudo como se unía a ellos, veía en sus cuartos traseros los antiguos escudos de armas feudales

但是，当它加入他们时，人们经常在他们的后躯上看到旧的封建纹章

y desertaron con carcajadas ruidosas e irreverentes

他们带着响亮而不敬的笑声离开了

Un sector de los legitimistas franceses y de la "Joven Inglaterra" exhibió este espectáculo

一部分法国合法主义者和"年轻的英格兰"展示了这种奇观

los feudales señalaban que su modo de explotación era diferente al de la burguesía

封建主义者指出，他们的剥削方式与资产阶级不同

Los feudales olvidan que explotaron en circunstancias y condiciones muy diferentes

封建主义者忘记了他们在完全不同的环境和条件下进行剥削

Y no se dieron cuenta de que tales métodos de explotación ahora son anticuados

他们没有注意到这种剥削方法现在已经过时了

demostraron que, bajo su gobierno, el proletariado moderno nunca existió

他们表明，在他们的统治下，现代无产阶级从未存在过

pero olvidan que la burguesía moderna es el vástago necesario de su propia forma de sociedad

但是他们忘记了现代资产阶级是他们自己社会形式的必要后代

Por lo demás, apenas ocultan el carácter reaccionario de su crítica

其余的，他们几乎不掩饰他们批评的反动性质

su principal acusación contra la burguesía es la siguiente

他们对资产阶级的主要指控如下

bajo el régimen de la burguesía se está desarrollando una clase social

在资产阶级政权下，一个社会阶级正在发展

Esta clase social está destinada a cortar de raíz el viejo orden de la sociedad

这个社会阶层注定要把社会的旧秩序连根拔起

Lo que reprochan a la burguesía no es tanto que cree un proletariado

他们用什么来培养资产阶级，与其说是它创造了一个无产阶级

lo que reprochan a la burguesía es más bien que crea un proletariado revolucionario

他们用什么来鼓舞资产阶级，更是为了它创造一个革命的无产阶级

En la práctica política, por lo tanto, se unen a todas las medidas coercitivas contra la clase obrera

因此，在政治实践中，他们加入了一切针对工人阶级的强制措施

Y en la vida ordinaria, a pesar de sus frases altisonantes, se inclinan a recoger las manzanas de oro que caen del árbol de la industria

而在平凡的生活中，尽管他们说着高调的短语，但他们还是弯腰捡起从工业树上掉下来的金苹果

y trocan la verdad, el amor y el honor por el comercio de lana, azúcar de remolacha y aguardiente de patata

他们用真理、爱和荣誉来换取羊毛、甜菜根糖和马铃薯烈酒的商业

Así como el párroco ha ido siempre de la mano con el terrateniente, así también lo ha hecho el socialismo clerical con el socialismo feudal

正如教区长与地主同来是相辅相成的，教士社会主义与封建社会主义同来也是同来的

Nada es más fácil que dar al ascetismo cristiano un tinte socialista

没有什么比赋予基督教禁欲主义社会主义色彩更容易的了

¿No ha declamado el cristianismo contra la propiedad privada, contra el matrimonio, contra el Estado?

基督教不是反对私有财产，反对婚姻，反对国家吗？

¿No ha predicado el cristianismo en lugar de estos, la caridad y la pobreza?

难道基督教没有代替这些，慈善和贫穷吗？

¿Acaso el cristianismo no predica el celibato y la mortificación de la carne, la vida monástica y la Madre Iglesia?

难道基督教不宣扬独身和肉体、修道院生活和母教会的克制吗？

El socialismo cristiano no es más que el agua bendita con la que el sacerdote consagra los ardores del corazón del aristócrata

基督教社会主义只不过是神父奉献贵族心灵燃烧的圣水

b) Socialismo pequeñoburgués
b）小资产阶级社会主义

La aristocracia feudal no fue la única clase arruinada por la burguesía
封建贵族并不是唯一被资产阶级摧毁的阶级

no fue la única clase cuyas condiciones de existencia languidecieron y perecieron en la atmósfera de la sociedad burguesa moderna
它并不是唯一一个在现代资产阶级社会的气氛中生存条件被钉住并消亡的阶级

Los burgueses medievales y los pequeños propietarios campesinos fueron los precursores de la burguesía moderna
中世纪的市民和小农主是现代资产阶级的先驱

En los países poco desarrollados, industrial y comercialmente, estas dos clases siguen vegetando una al lado de la otra
在那些在工业和商业上都不太发达的国家，这两个阶级仍然并存

y mientras tanto la burguesía se levanta junto a ellos: industrial, comercial y políticamente
与此同时，资产阶级在他们旁边崛起：在工业上、商业上和政治上

En los países donde la civilización moderna se ha desarrollado plenamente, se ha formado una nueva clase de pequeña burguesía
在现代文明充分发展的国家，形成了新的小资产阶级阶级

esta nueva clase social fluctúa entre el proletariado y la burguesía
这个新的社会阶级在无产阶级和资产阶级之间波动

y siempre se renueva como parte complementaria de la sociedad burguesa
它作为资产阶级社会的补充部分不断更新自己

Sin embargo, los miembros individuales de esta clase son constantemente arrojados al proletariado

然而，这个阶级的个别成员却不断地被扔到无产阶级中去

son absorbidos por el proletariado a través de la acción de la competencia

他们被无产阶级通过竞争的作用吸走了

A medida que la industria moderna se desarrolla, incluso ven acercarse el momento en que desaparecerán por completo como sección independiente de la sociedad moderna

随着现代工业的发展，他们甚至看到了他们作为现代社会的一个独立部分完全消失的时刻即将到来

Serán reemplazados, en las manufacturas, la agricultura y el comercio, por vigilantes, alguaciles y tenderos

在制造业、农业和商业领域，他们将被监督员、法警和店员所取代

En países como Francia, donde los campesinos constituyen mucho más de la mitad de la población

在法国这样的国家，农民占人口的一半以上

era natural que hubiera escritores que se pusieran del lado del proletariado contra la burguesía

很自然地，有些作家站在无产阶级一边反对资产阶级

en su crítica al régimen burgués utilizaron el estandarte de la pequeña burguesía campesina

在对资产阶级政权的批评中，他们使用了农民和小资产阶级的标准

Y desde el punto de vista de estas clases intermedias, toman el garrote de la clase obrera

从这些中间阶级的立场来看，他们拿起了工人阶级的棍棒

Así surgió el socialismo pequeñoburgués, del que Sismondi era el jefe de esta escuela, no sólo en Francia, sino también en Inglaterra

于是出现了小资产阶级社会主义，西斯蒙第是这所学校的负责人，不仅在法国，而且在英国

Esta escuela del socialismo diseccionó con gran agudeza las contradicciones de las condiciones de producción moderna

这个社会主义学派非常敏锐地剖析了现代生产条件中的矛盾

Esta escuela puso al descubierto las apologías hipócritas de los economistas

这所学校揭露了经济学家虚伪的道歉

Esta escuela demostró, incontrovertiblemente, los efectos desastrosos de la maquinaria y de la división del trabajo

这所学校无可争辩地证明了机器和劳动分工的灾难性影响

Probó la concentración del capital y de la tierra en pocas manos

它证明了资本和土地集中在少数人手中

demostró cómo la sobreproducción conduce a las crisis de la burguesía

它证明了生产过剩如何导致资产阶级危机

señalaba la ruina inevitable de la pequeña burguesía y del campesino

它指出了小资产阶级和农民的不可避免的毁灭

la miseria del proletariado, la anarquía en la producción, las desigualdades flagrantes en la distribución de la riqueza

无产阶级的苦难，生产中的无政府状态，财富分配中的不平等

Mostró cómo el sistema de producción lidera la guerra industrial de exterminio entre naciones

它展示了生产体系如何导致国家之间的工业灭绝战争

la disolución de los viejos lazos morales, de las viejas relaciones familiares, de las viejas nacionalidades

旧的道德纽带、旧的家庭关系、旧的民族的解体

Sin embargo, en sus objetivos positivos, esta forma de socialismo aspira a lograr una de dos cosas

然而，就其积极目标而言，这种形式的社会主义渴望实现两件事之一

o bien pretende restaurar los antiguos medios de producción y de intercambio

它的目标是恢复旧的生产方式和交换方式

y con los viejos medios de producción restauraría las viejas relaciones de propiedad y la vieja sociedad

有了旧的生产资料，它就会恢复旧的财产关系和旧社会

o pretende apretar los medios modernos de producción e intercambio en el viejo marco de las relaciones de propiedad

或者它旨在将现代生产和交换手段限制在财产关系的旧框架中

En cualquier caso, es a la vez reaccionario y utópico

无论哪种情况，它都是反动的和乌托邦的

Sus últimas palabras son: gremios corporativos para la manufactura, relaciones patriarcales en la agricultura

它的最后一句话是：制造业的公司行会，农业中的父权关系

En última instancia, cuando los obstinados hechos históricos habían dispersado todos los efectos embriagadores del autoengaño

最终，当顽固的历史事实驱散了所有自欺欺人的醉人影响时

esta forma de socialismo terminó en un miserable ataque de lástima

这种形式的社会主义以悲惨的怜悯告终

c) Socialismo alemán o "verdadero"
c）德国的，或"真正的"社会主义

La literatura socialista y comunista de Francia se originó
bajo la presión de una burguesía en el poder
法国的社会主义和共产主义文学起源于当权资产阶级
的压力

Y esta literatura era la expresión de la lucha contra este
poder
这种文学是与这种力量斗争的表达

se introdujo en Alemania en un momento en que la
burguesía acababa de comenzar su lucha contra el
absolutismo feudal
它是在资产阶级刚刚开始与封建专制主义的斗争时引
入德国的

Los filósofos alemanes, los aspirantes a filósofos y los beaux
esprits, se apoderaron con avidez de esta literatura
德国哲学家、未来的哲学家和美女们都热切地抓住了
这些文献

pero olvidaron que los escritos emigraron de Francia a
Alemania sin traer consigo las condiciones sociales francesas
但他们忘记了，这些著作是从法国移民到德国的，并
没有带来法国的社会状况

En contacto con las condiciones sociales alemanas, esta
literatura francesa perdió toda su significación práctica
inmediata
在与德国社会条件的接触中，这种法国文学失去了所
有直接的现实意义

y la literatura comunista de Francia asumió un aspecto
puramente literario en los círculos académicos alemanes
法国的共产主义文学在德国学术界呈现出纯粹的文学
一面

Así, las exigencias de la primera Revolución Francesa no
eran más que las exigencias de la "Razón Práctica"

因此，第一次法国大革命的要求只不过是"实践理性"的要求

y la expresión de la voluntad de la burguesía revolucionaria francesa significaba a sus ojos la ley de la voluntad pura

在他们眼中，革命的法国资产阶级的意志的表达标志着纯粹意志的法则

significaba la Voluntad tal como estaba destinada a ser; de la verdadera Voluntad humana en general

它象征着意志的必然;一般而言，真正的人类意志

El mundo de los literatos alemanes consistía únicamente en armonizar las nuevas ideas francesas con su antigua conciencia filosófica

德国文人的世界完全在于使新的法国思想与他们古老的哲学良知相协调

o mejor dicho, se anexionaron las ideas francesas sin abandonar su propio punto de vista filosófico

或者更确切地说，他们吞并了法国的思想，而没有放弃自己的哲学观点

Esta anexión se llevó a cabo de la misma manera en que se apropia una lengua extranjera, es decir, por traducción

这种兼并的发生方式与挪用外语的方式相同，即通过翻译

Es bien sabido cómo los monjes escribieron vidas tontas de santos católicos sobre manuscritos

众所周知，僧侣们是如何在手稿上写下天主教圣徒的愚蠢生活

los manuscritos sobre los que se habían escrito las obras clásicas del antiguo paganismo

写有古代异教经典著作的手稿

Los literatos alemanes invirtieron este proceso con la literatura profana francesa

德国文人用亵渎的法国文学扭转了这一过程

Escribieron sus tonterías filosóficas bajo el original francés

他们在法国原版下面写下了他们的哲学废话

Por ejemplo, debajo de la crítica francesa a las funciones económicas del dinero, escribieron "Alienación de la humanidad"

例如，在法国对货币经济功能的批评之下，他们写了《人类的异化》

debajo de la crítica francesa al Estado burgués escribieron "destronamiento de la categoría de general"

在法国对资产阶级国家的批评之下，他们写下了"将军类别的废黜"

La introducción de estas frases filosóficas en el reverso de las críticas históricas francesas las denominó:

在法国历史批评的背后引入这些哲学短语，他们称之为：

"Filosofía de la acción", "Socialismo verdadero", "Ciencia alemana del socialismo", "Fundamentos filosóficos del socialismo", etc

《行动哲学》《真正的社会主义》《德国社会主义科学》《社会主义的哲学基础》等等

De este modo, la literatura socialista y comunista francesa quedó completamente castrada

法国社会主义和共产主义文学就这样被彻底阉割了

en manos de los filósofos alemanes dejó de expresar la lucha de una clase con la otra

在德国哲学家的手中，它不再表现一个阶级与另一个阶级的斗争

y así los filósofos alemanes se sintieron conscientes de haber superado la "unilateralidad francesa"

因此，德国哲学家们意识到已经克服了"法国的片面性"

no tenía que representar requisitos verdaderos, sino que representaba requisitos de verdad

它不必代表真实的要求，相反，它代表了真理的要求

no había interés en el proletariado, más bien, había interés en la Naturaleza Humana

对无产阶级没有兴趣，相反，对人性感兴趣

el interés estaba en el Hombre en general, que no pertenece a ninguna clase y no tiene realidad

兴趣是一般的人，他不属于任何阶级，也没有现实

Un hombre que sólo existe en el brumoso reino de la fantasía filosófica

一个只存在于哲学幻想的迷雾境界的人

pero con el tiempo este colegial socialismo alemán también perdió su inocencia pedante

但最终这个小学生德国社会主义也失去了迂腐的纯真

la burguesía alemana, y especialmente la burguesía prusiana, lucharon contra la aristocracia feudal

德国资产阶级，特别是普鲁士资产阶级反对封建贵族

la monarquía absoluta de Alemania y Prusia también estaba siendo combatida

德意志和普鲁士的绝对君主制也受到反对

Y a su vez, la literatura del movimiento liberal también se hizo más seria

反过来，自由主义运动的文学也变得更加认真

Se le ofreció a Alemania la tan deseada oportunidad del "verdadero" socialismo

德国为"真正的"社会主义提供了人们期待已久的机会

la oportunidad de confrontar al movimiento político con las reivindicaciones socialistas

用社会主义的要求来对抗政治运动的机会

la oportunidad de lanzar los anatemas tradicionales contra el liberalismo

向自由主义抛出传统诅咒的机会

la oportunidad de atacar al gobierno representativo y a la competencia burguesa

攻击代议制政府和资产阶级竞争的机会

Libertad de prensa burguesa, Legislación burguesa, Libertad e igualdad burguesa

资产阶级新闻自由，资产阶级立法，资产阶级自由和平等

Todo esto ahora podría ser criticado en el mundo real, en lugar de en la fantasía

所有这些现在都可以在现实世界中受到批评，而不是在幻想中

La aristocracia feudal y la monarquía absoluta habían predicado durante mucho tiempo a las masas

封建贵族和君主专制长期以来一直向群众宣扬

"El obrero no tiene nada que perder y tiene todo que ganar"

"工人没有什么可失去的，他拥有一切可以得到的"

el movimiento burgués también ofrecía la oportunidad de hacer frente a estos tópicos

资产阶级运动也为面对这些陈词滥调提供了机会

la crítica francesa presuponía la existencia de la sociedad burguesa moderna

法国的批评以现代资产阶级社会的存在为前提

Las condiciones económicas de existencia de la burguesía y la constitución política de la burguesía

资产阶级的经济生存条件和资产阶级政治宪法

las mismas cosas cuya consecución era el objeto de la lucha pendiente en Alemania

这些东西的成就正是德国悬而未决的斗争的目标

El estúpido eco del socialismo alemán abandonó estos objetivos justo a tiempo

德国对社会主义的愚蠢回声在时间紧迫的情况下放弃了这些目标

Los gobiernos absolutos tenían sus seguidores de párrocos, profesores, escuderos y funcionarios

专制政府有他们的追随者帕森斯、教授、乡绅和官员

el gobierno de la época se enfrentó a los levantamientos de la clase obrera alemana con azotes y balas

当时的政府用鞭笞和子弹来应对德国工人阶级的起义

para ellos este socialismo servía de espantapájaros contra la burguesía amenazadora

对他们来说，这种社会主义是对抗威胁资产阶级的受欢迎的稻草人

y el gobierno alemán pudo ofrecer un postre dulce después de las píldoras amargas que repartió

德国政府在分发苦药后能够提供甜食

este "verdadero" socialismo servía así a los gobiernos como arma para combatir a la burguesía alemana

因此，这种"真正的"社会主义为政府服务，成为与德国资产阶级作斗争的武器

y, al mismo tiempo, representaba directamente un interés reaccionario; la de los filisteos alemanes

同时，它直接代表了反动的利益;德意志非利士人

En Alemania, la pequeña burguesía es la verdadera base social del actual estado de cosas

在德国，小资产阶级是现存事物的真正社会基础

Una reliquia del siglo XVI que ha ido surgiendo constantemente bajo diversas formas

十六世纪的遗迹，不断以各种形式出现

Preservar esta clase es preservar el estado de cosas existente en Alemania

保持这个阶级就是保持德国的现有状态

La supremacía industrial y política de la burguesía amenaza a la pequeña burguesía con una destrucción segura

资产阶级的工业和政治霸权使小资产阶级受到一定的破坏

por un lado, amenaza con destruir a la pequeña burguesía a través de la concentración del capital

一方面，它威胁要通过资本集中来消灭小资产阶级

por otra parte, la burguesía amenaza con destruirla mediante el ascenso de un proletariado revolucionario

另一方面，资产阶级威胁要通过革命无产阶级的崛起来摧毁它

El "verdadero" socialismo parecía matar estos dos pájaros de un tiro. Se extendió como una epidemia

"真正的"社会主义似乎一石二鸟。它像流行病一样传播

El manto de telarañas especulativas, bordado con flores de retórica, empapado en el rocío de un sentimiento enfermizo

投机的蜘蛛网长袍，绣着修辞的花朵，浸泡在病态情感的露水中

esta túnica trascendental en la que los socialistas alemanes envolvían sus tristes "verdades eternas"

这件超然的长袍，德国社会主义者包裹着他们可悲的"永恒真理"

toda la piel y los huesos, sirvieron para aumentar maravillosamente la venta de sus productos entre un público tan

所有的皮肤和骨头，都奇妙地增加了他们的商品在这样的公众中的销售

Y por su parte, el socialismo alemán reconocía, cada vez más, su propia vocación

就其本身而言，德国社会主义越来越认识到自己的使命

estaba llamado a ser el grandilocuente representante de la pequeña burguesía filistea

它被称为小资产阶级非利士人的夸张代表

Proclamaba que la nación alemana era la nación modelo, y que el pequeño filisteo alemán era el hombre modelo

它宣称德意志民族是模范民族，而德国小非利士人是模范民族

A cada maldad malvada de este hombre modelo le daba una interpretación socialista oculta y superior

对于这个模范人物的每一个邪恶的卑鄙行为，它都给出了一种隐藏的、更高的、社会主义的解释

esta interpretación socialista superior era exactamente lo contrario de su carácter real

这种更高的社会主义解释与其真实性质完全相反

Llegó al extremo de oponerse directamente a la tendencia "brutalmente destructiva" del comunismo

它竭尽全力直接反对共产主义的"残酷破坏性"倾向

y proclamó su supremo e imparcial desprecio de todas las luchas de clases

它宣称它对一切阶级斗争的至高无上和公正的蔑视

Con muy pocas excepciones, todas las publicaciones llamadas socialistas y comunistas que ahora (1847) circulan en Alemania pertenecen al dominio de esta literatura sucia y enervante

除了极少数例外，现在（1847年）在德国流传的所有所谓的社会主义和共产主义出版物都属于这种肮脏而充满活力的文学作品的范畴

2) Socialismo conservador o socialismo burgués
2) 保守社会主义，或资产阶级社会主义

Una parte de la burguesía está deseosa de reparar los agravios sociales
资产阶级的一部分渴望纠正社会不满
con el fin de asegurar la continuidad de la sociedad burguesa
为了保证资产阶级社会的继续存在
A esta sección pertenecen economistas, filántropos, humanistas
这部分属于经济学家、慈善家、人道主义者
mejoradores de la condición de la clase obrera y organizadores de la caridad
工人阶级状况的改善者和慈善事业的组织者
Miembros de las Sociedades para la Prevención de la Crueldad contra los Animales
防止虐待动物协会成员
fanáticos de la templanza, reformadores de todo tipo imaginable
节制狂热者，各种可以想象的改革者
Esta forma de socialismo, además, ha sido elaborada en sistemas completos
而且，这种形式的社会主义已经发展成完整的制度
Podemos citar la "Philosophie de la Misère" de Proudhon como ejemplo de esta forma
我们可以引用蒲鲁东的《悲惨世界哲学》作为这种形式的一个例子
La burguesía socialista quiere todas las ventajas de las condiciones sociales modernas
社会主义资产阶级想要现代社会条件的一切好处
pero la burguesía socialista no quiere necesariamente las luchas y los peligros resultantes

但社会主义资产阶级并不一定想要由此产生的斗争和危险

Desean el estado actual de la sociedad, menos sus elementos revolucionarios y desintegradores

他们渴望社会的现有状态，减去其革命和瓦解的因素

en otras palabras, desean una burguesía sin proletariado

换句话说，他们希望有一个没有无产阶级的资产阶级

La burguesía concibe naturalmente el mundo en el que es supremo ser el mejor

资产阶级自然而然地设想了一个至高无上的世界，在这个世界里，最好的是至高无上的

y el socialismo burgués desarrolla esta cómoda concepción en varios sistemas más o menos completos

资产阶级社会主义把这种舒适的概念发展成各种或多或少完整的制度

les gustaría mucho que el proletariado marchara directamente hacia la Nueva Jerusalén social

他们非常希望无产阶级直接进入社会的新耶路撒冷

pero en realidad requiere que el proletariado permanezca dentro de los límites de la sociedad existente

但实际上，它要求无产阶级保持在现存社会的范围内

piden al proletariado que abandone todas sus ideas odiosas sobre la burguesía

他们要求无产阶级抛弃他们对资产阶级的一切仇恨思想

hay una segunda forma más práctica, pero menos sistemática, de este socialismo

这种社会主义还有第二种更实际但不那么系统的形式

Esta forma de socialismo buscaba despreciar todo movimiento revolucionario a los ojos de la clase obrera

这种形式的社会主义试图在工人阶级眼中贬低每一场革命运动

Argumentan que ninguna mera reforma política podría ser ventajosa para ellos

他们认为，单纯的政治改革对他们没有任何好处

Sólo un cambio en las condiciones materiales de existencia en las relaciones económicas es beneficioso

只有改变经济关系中的物质生存条件才是有益的

Al igual que el comunismo, esta forma de socialismo aboga por un cambio en las condiciones materiales de existencia

与共产主义一样，这种形式的社会主义主张改变物质生存条件

sin embargo, esta forma de socialismo no sugiere en modo alguno la abolición de las relaciones de producción burguesas

但是，这种形式的社会主义决不是要废除资产阶级的生产关系

la abolición de las relaciones de producción burguesas sólo puede lograrse mediante una revolución

资产阶级生产关系的废除只能通过革命来实现

Pero en lugar de una revolución, esta forma de socialismo sugiere reformas administrativas

但是，这种形式的社会主义不是革命，而是行政改革

y estas reformas administrativas se basarían en la continuidad de estas relaciones

这些行政改革将基于这些关系的继续存在

reformas, por lo tanto, que no afectan en ningún aspecto a las relaciones entre el capital y el trabajo

因此，改革绝不影响资本和劳动的关系

en el mejor de los casos, tales reformas disminuyen el costo y simplifican el trabajo administrativo del gobierno burgués

充其量，这种改革只是降低了资产阶级政府的成本，简化了行政工作

El socialismo burgués alcanza una expresión adecuada cuando, y sólo cuando, se convierte en una mera figura retórica

资产阶级社会主义在资产阶级社会主义成为纯粹的修辞手法时，也只有当它成为一种修辞手法时，才能得到充分的表达

Libre comercio: en beneficio de la clase obrera

自由贸易：为了工人阶级的利益

Deberes protectores: en beneficio de la clase obrera

保护职责：为了工人阶级的利益

Reforma Penitenciaria: en beneficio de la clase trabajadora

监狱改革：为了工人阶级的利益

Esta es la última palabra y la única palabra seria del socialismo burgués

这是资产阶级社会主义的最后一句话，也是唯一一句严肃的话

Se resume en la frase: la burguesía es una burguesía en beneficio de la clase obrera

可以概括为：资产阶级是为工人阶级谋福利的资产阶级

3) Socialismo crítico-utópico y comunismo
3) 批判乌托邦社会主义和共产主义

No nos referimos aquí a esa literatura que siempre ha dado
voz a las reivindicaciones del proletariado
我们在这里不是指那种总是表达无产阶级要求的文学
esto ha estado presente en todas las grandes revoluciones
modernas, como los escritos de Babeuf y otros
这在每一次伟大的现代革命中都存在，例如巴贝夫和
其他人的著作
Las primeras tentativas directas del proletariado para
alcanzar sus propios fines fracasaron necesariamente
无产阶级实现自己目的的第一次直接尝试必然失败
Estos intentos se hicieron en tiempos de excitación
universal, cuando la sociedad feudal estaba siendo
derrocada
这些尝试是在封建社会被推翻的普遍兴奋时期进行的
El entonces subdesarrollado del proletariado llevó a que
fracasaran esos intentos
当时无产阶级的不发达状态导致了这些尝试的失败
y fracasaron por la ausencia de las condiciones económicas
para su emancipación
由于缺乏解放的经济条件，他们失败了
condiciones que aún no se habían producido, y que sólo
podían ser producidas por la inminente época de la
burguesía
这些条件尚未产生，而且可能仅由即将到来的资产阶
级时代产生
La literatura revolucionaria que acompañó a estos primeros
movimientos del proletariado tuvo necesariamente un
carácter reaccionario
伴随无产阶级的最初运动的革命文学必然具有反动性
质
Esta literatura inculcó el ascetismo universal y la nivelación
social en su forma más cruda

这些文学以最粗暴的形式灌输了普遍的禁欲主义和社会平等

Los sistemas socialista y comunista, propiamente dichos, surgen en el período temprano no desarrollado
社会主义和共产主义制度，恰如其分地称为社会主义和共产主义制度，是在早期不发达时期出现的

Saint-Simon, Fourier, Owen y otros, describieron la lucha entre el proletariado y la burguesía (ver sección 1)
圣西门、傅立叶、欧文等人描述了无产阶级和资产阶级之间的斗争（见第1节）

Los fundadores de estos sistemas ven, en efecto, los antagonismos de clase
这些制度的创始人确实看到了阶级对立

también ven la acción de los elementos en descomposición, en la forma predominante de la sociedad
他们还看到了在社会的普遍形式中分解元素的作用

Pero el proletariado, todavía en su infancia, les ofrece el espectáculo de una clase sin ninguna iniciativa histórica
但是，无产阶级还处于起步阶段，却向他们展示了一个没有任何历史主动性的阶级的景象

Ven el espectáculo de una clase social sin ningún movimiento político independiente
他们看到了一个没有任何独立政治运动的社会阶层的景象

El desarrollo del antagonismo de clase sigue el mismo ritmo que el desarrollo de la industria
阶级对立的发展与工业的发展是一致的

De modo que la situación económica no les ofrece todavía las condiciones materiales para la emancipación del proletariado
因此，经济形势还没有为他们提供解放无产阶级的物质条件

Por lo tanto, buscan una nueva ciencia social, nuevas leyes sociales, que creen estas condiciones

因此，他们寻找一种新的社会科学，寻找新的社会规律，以创造这些条件

acción histórica es ceder a su acción inventiva personal
历史行动就是屈服于他们个人的创造性行动

Las condiciones de emancipación creadas históricamente
han de ceder ante condiciones fantásticas
历史上创造的解放条件将屈服于梦幻般的条件

y la organización gradual y espontánea de clase del
proletariado debe ceder ante la organización de la sociedad
无产阶级的渐进的、自发的阶级组织是要屈服于社会组织

la organización de la sociedad especialmente ideada por
estos inventores
这些发明家专门设计的社会组织

La historia futura se resuelve, a sus ojos, en la propaganda y
en la realización práctica de sus planes sociales
在他们眼中，未来的历史将自己归结为宣传和实际执行他们的社会计划

En la formación de sus planes son conscientes de
preocuparse principalmente por los intereses de la clase
obrera
在制定计划时，他们意识到主要关心工人阶级的利益

Sólo desde el punto de vista de ser la clase más sufriente
existe el proletariado para ellos
只有从最受苦阶级的角度来看，无产阶级才为他们而存在

El estado subdesarrollado de la lucha de clases y su propio
entorno informan sus opiniones
阶级斗争的不发达状态和他们自己的环境影响了他们的意见

Los socialistas de este tipo se consideran muy superiores a
todos los antagonismos de clase
这种社会主义者认为自己远远优于一切阶级对立

Quieren mejorar la condición de todos los miembros de la
sociedad, incluso la de los más favorecidos
他们希望改善社会每个成员的状况，甚至是最受宠爱
的人的状况
De ahí que habitualmente atraigan a la sociedad en general,
sin distinción de clase
因此，他们习惯性地诉诸整个社会，不分阶级
Es más, apelan a la sociedad en general con preferencia a la
clase dominante
不，他们通过偏爱统治阶级来吸引整个社会
Para ellos, todo lo que se requiere es que los demás
entiendan su sistema
对他们来说，所需要的只是让其他人了解他们的系统
Porque, ¿cómo puede la gente no ver que el mejor plan
posible es para el mejor estado posible de la sociedad?
因为人们怎么能看不到最好的计划是为了最好的社会
状态呢？
Por lo tanto, rechazan toda acción política, y especialmente
toda acción revolucionaria
因此，他们拒绝一切政治行动，特别是一切革命行动
desean alcanzar sus fines por medios pacíficos
他们希望通过和平手段达到目的
se esfuerzan, mediante pequeños experimentos, que están
necesariamente condenados al fracaso
他们通过小实验来努力，而这些实验注定要失败
y con la fuerza del ejemplo tratan de abrir el camino al
nuevo Evangelio social
他们以身作则，试图为新的社会福音铺平道路
Cuadros tan fantásticos de la sociedad futura, pintados en un
momento en que el proletariado se encuentra todavía en un
estado muy subdesarrollado
在无产阶级还处于非常不发达状态的时候，描绘了未
来社会的如此梦幻般的图景

y todavía no tiene más que una concepción fantástica de su propia posición

它仍然对自己的立场有一个幻想的概念

pero sus primeros anhelos instintivos corresponden a los anhelos del proletariado

但是他们最初的本能渴望与无产阶级的渴望是一致的

Ambos anhelan una reconstrucción general de la sociedad

两人都渴望社会的全面重建

Pero estas publicaciones socialistas y comunistas también contienen un elemento crítico

但这些社会主义和共产主义出版物也包含一个关键因素

Atacan todos los principios de la sociedad existente

他们攻击现存社会的每一个原则

De ahí que estén llenos de los materiales más valiosos para la ilustración de la clase obrera

因此，它们充满了对工人阶级启蒙的最有价值的材料

Proponen la abolición de la distinción entre la ciudad y el campo, y la familia

他们建议废除城乡和家庭的区别

la supresión de la explotación de industrias por cuenta de los particulares

废除私人经营的工业

y la abolición del sistema salarial y la proclamación de la armonía social

废除工资制度，宣布社会和谐

la conversión de las funciones del Estado en una mera superintendencia de la producción

将国家职能转变为纯粹的生产监督

Todas estas propuestas, apuntan únicamente a la desaparición de los antagonismos de clase

所有这些建议都只指向阶级对立的消失

Los antagonismos de clase estaban, en ese momento, apenas surgiendo

当时，阶级对立才刚刚出现

En estas publicaciones estos antagonismos de clase se reconocen sólo en sus formas más tempranas, indistintas e indefinidas

在这些出版物中，这些阶级对立只是以最早的、模糊的和未定义的形式被承认

Estas propuestas, por lo tanto, son de carácter puramente utópico

因此，这些建议具有纯粹的乌托邦性质

La importancia del socialismo crítico-utópico y del comunismo guarda una relación inversa con el desarrollo histórico

批判乌托邦社会主义和共产主义的意义与历史发展呈反比关系

La lucha de clases moderna se desarrollará y continuará tomando forma definitiva

现代阶级斗争将发展并继续形成一定的形式

Esta fantástica posición del concurso perderá todo valor práctico

比赛中的这种梦幻般的地位将失去所有实用价值

Estos fantásticos ataques a los antagonismos de clase perderán toda justificación teórica

这些对阶级对立的奇妙攻击将失去所有理论上的正当性

Los creadores de estos sistemas fueron, en muchos aspectos, revolucionarios

这些系统的鼻祖在许多方面都是革命性的

pero sus discípulos han formado, en todos los casos, meras sectas reaccionarias

但他们的门徒，在任何情况下，都只是形成了反动的教派

Se aferran firmemente a los puntos de vista originales de sus amos

他们紧紧抓住主人的原始观点

Pero estos puntos de vista se oponen al desarrollo histórico progresivo del proletariado

但这些观点是同无产阶级的进步历史发展相悖的

Por lo tanto, se esfuerzan, y eso de manera consecuente, por amortiguar la lucha de clases

因此，他们努力，而且始终如一地扼杀阶级斗争

y se esfuerzan constantemente por reconciliar los antagonismos de clase

他们始终如一地努力调和阶级对立

Todavía sueñan con la realización experimental de sus utopías sociales

他们仍然梦想着通过实验实现他们的社会乌托邦

todavía sueñan con fundar "falansterios" aislados y establecer "colonias domésticas"

他们仍然梦想着建立孤立的"方阵"并建立"本土殖民地"

sueñan con establecer una "Pequeña Icaria": ediciones duodécimas de la Nueva Jerusalén

他们梦想着建立一个"小伊卡里亚"——新耶路撒冷的十二分之一版本

y sueñan con realizar todos estos castillos en el aire

他们梦想着在空中实现所有这些城堡

se ven obligados a apelar a los sentimientos y a las carteras de los burgueses

他们不得不迎合资产阶级的感情和钱包

Poco a poco se hunden en la categoría de los socialistas conservadores reaccionarios descritos anteriormente

在某种程度上，他们陷入了上述反动保守社会主义者的范畴

sólo se diferencian de ellos por una pedantería más sistemática

它们与这些的不同之处仅在于更系统的迂腐

y se diferencian por su creencia fanática y supersticiosa en los efectos milagrosos de su ciencia social

他们的不同之处在于他们对社会科学的神奇效果的狂热和迷信

Por lo tanto, se oponen violentamente a toda acción política por parte de la clase obrera

因此，他们强烈反对工人阶级的一切政治行动

tal acción, según ellos, sólo puede ser el resultado de una ciega incredulidad en el nuevo Evangelio

根据他们的说法，这种行为只能是盲目地不相信新福音的结果

Los owenistas en Inglaterra y los fourieristas en Francia, respectivamente, se oponen a los cartistas y a los reformistas

英国的欧文派和法国的傅立叶派分别反对宪章派和"改革派"

Posición de los comunistas en relación con los diversos partidos de oposición existentes
共产党人对现有各反对党的立场

La sección II ha dejado claras las relaciones de los comunistas con los partidos obreros existentes

第二节明确了共产党人同现存工人阶级政党的关系

como los cartistas en Inglaterra y los reformadores agrarios en América

例如英国的宪章派和美国的土地改革派

Los comunistas luchan por el logro de los objetivos inmediatos

共产党人为实现眼前目标而斗争

Luchan por la imposición de los intereses momentáneos de la clase obrera

他们为维护工人阶级的一时利益而斗争

Pero en el movimiento político del presente, también representan y cuidan el futuro de ese movimiento

但在当前的政治运动中，他们也代表并照顾着该运动的未来

En Francia, los comunistas se alían con los socialdemócratas

在法国，共产党人与社会民主党人结盟

y se posicionan contra la burguesía conservadora y radical

他们把自己定位为反对保守和激进的资产阶级

sin embargo, se reservan el derecho de tomar una posición crítica respecto de las frases e ilusiones tradicionalmente transmitidas desde la gran Revolución

但是，他们保留对传统上从大革命中流传下来的短语和幻想采取批评立场的权利

En Suiza apoyan a los radicales, sin perder de vista que este partido está formado por elementos antagónicos

在瑞士，他们支持激进党，同时又不忽视这个党由敌对分子组成的事实

en parte de los socialistas democráticos, en el sentido
francés, en parte de la burguesía radical

一部分是民主社会主义者，一部分是法国意义上的激
进资产阶级

En Polonia apoyan al partido que insiste en la revolución
agraria como condición primordial para la emancipación
nacional

在波兰，他们支持坚持将土地革命作为民族解放的首
要条件的政党

el partido que fomentó la insurrección de Cracovia en 1846

1846年煽动克拉科夫起义的政党

En Alemania luchan con la burguesía cada vez que ésta actúa
de manera revolucionaria

在德国，只要资产阶级以革命的方式行动，他们就同
资产阶级斗争

contra la monarquía absoluta, la nobleza feudal y la pequeña
burguesía

反对君主专制、封建乡绅和小资产阶级

Pero no cesan, ni por un solo instante, de inculcar en la clase
obrera una idea particular

但是，他们从未停止过向工人阶级灌输一种特定的思
想

el reconocimiento más claro posible del antagonismo hostil
entre la burguesía y el proletariado

尽可能清楚地承认资产阶级和无产阶级之间的敌对对
立

para que los obreros alemanes puedan utilizar
inmediatamente las armas de que disponen

这样德国工人就可以立即使用他们所掌握的武器

las condiciones sociales y políticas que la burguesía debe
introducir necesariamente junto con su supremacía

资产阶级及其至高无上地位必然引入的社会和政治条
件

la caída de las clases reaccionarias en Alemania es inevitable

德国反动阶级的垮台是不可避免的

y entonces la lucha contra la burguesía misma puede
comenzar inmediatamente

然后，反对资产阶级本身的斗争可能会立即开始

Los comunistas dirigen su atención principalmente a
Alemania, porque este país está en vísperas de una
revolución burguesa

共产党人把注意力主要转向德国，因为德国正处于资
产阶级革命的前夜

una revolución que está destinada a llevarse a cabo en las
condiciones más avanzadas de la civilización europea

一场必然在欧洲文明的更先进条件下进行的革命

y está destinado a llevarse a cabo con un proletariado mucho
más desarrollado

它必然要与更发达的无产阶级一起进行

un proletariado más avanzado que el de Inglaterra en el
XVII y el de Francia en el siglo XVIII

无产阶级比17世纪的英国和18世纪的法国更先进

y porque la revolución burguesa en Alemania no será más
que el preludio de una revolución proletaria
inmediatamente posterior

因为德国的资产阶级革命只不过是紧随其后的无产阶
级革命的前奏

En resumen, los comunistas apoyan en todas partes todo
movimiento revolucionario contra el orden social y político
existente

简言之，各地的共产党人都支持反对现存社会和政治
秩序的每一次革命运动

En todos estos movimientos ponen en primer plano, como
cuestión principal en cada uno de ellos, la cuestión de la
propiedad

在所有这些运动中，他们把财产问题作为每个运动的
主要问题带到了前面

no importa cuál sea su grado de desarrollo en ese país en ese momento

无论当时该国的发展程度如何

Finalmente, trabajan en todas partes por la unión y el acuerdo de los partidos democráticos de todos los países

最后，他们到处为各国民主党派的联合和协议而努力

Los comunistas desdeñan ocultar sus puntos de vista y sus objetivos

共产党人不屑于隐瞒他们的观点和目标

Declaran abiertamente que sus fines sólo pueden alcanzarse mediante el derrocamiento por la fuerza de todas las condiciones sociales existentes

他们公开宣称，只有通过强行推翻所有现存的社会条件，才能达到他们的目的

Que las clases dominantes tiemblen ante una revolución comunista

让统治阶级在共产主义革命中战战兢兢

Los proletarios no tienen nada que perder más que sus cadenas

无产者除了他们的锁链之外，没有什么可失去的

Tienen un mundo que ganar

他们有一个世界可以赢得

¡TRABAJADORES DE TODOS LOS PAÍSES, UNÍOS!

各国劳动人民，团结起来！